É A
PÁSCOA
DO
SENHOR!

Raniero Cantalamessa

Introdução,
tradução para o italiano
e comentários

É A PÁSCOA DO SENHOR!

Os mais antigos
textos pascais da Igreja

Tradução:
Gabriel Frade

Edições Loyola

Título original:
I più antichi testi pasquali della Chiesa – Le omelie di Melitone di Sardi e dell'Anonimo Quartodecimano e altri testi del II Secolo
© Centro Liturgico Vincenziano, 2009
Via Pompeo Magno, 21, 00192, Roma, Itália
ISBN 978-88-85918-49-8

Dados Internacionais de Catalogação na Publicação (CIP)
(Câmara Brasileira do Livro, SP, Brasil)

Cantalamessa, Raniero
  É a páscoa do Senhor! : os mais antigos textos pascais da Igreja / Raniero Cantalamessa ; tradução Gabriel Frade. -- São Paulo : Edições Loyola, 2024. -- (Liturgia)

  Título original: I più antichi testi pasquali della Chiesa: Le omelie di Melitone di Sardi e dell'Anonimo Quartodecimano e altri testi del II Secolo
  ISBN 978-65-5504-347-1

  1. Cristianismo 2. Igreja - História 3. Liturgia - Igreja Católica 4. Páscoa I. Título. II. Série.

24-197726   CDD-242.36

Índices para catálogo sistemático:
  1. Páscoa : Cristianismo   242.36

Eliane de Freitas Leite - Bibliotecária - CRB 8/8415

Preparação: Paulo Fonseca
Capa: Ronaldo Hideo Inoue
Triunfo da Cruz. Composição a partir de detalhe do mosaico (c. 1200) da abside da Basílica de São Clemente em Roma. Foto de Jastrow, 2006. © Wikipedia. No fundo, textura (imagem generativa) de © Planetz. © Adobe Stock.
Diagramação: Sowai Tam

Edições Loyola Jesuítas
Rua 1822 nº 341 – Ipiranga
04216-000 São Paulo, SP
T 55 11 3385 8500/8501, 2063 4275
editorial@loyola.com.br
vendas@loyola.com.br
www.loyola.com.br

Todos os direitos reservados. Nenhuma parte desta obra pode ser reproduzida ou transmitida por qualquer forma e/ou quaisquer meios (eletrônico ou mecânico, incluindo fotocópia e gravação) ou arquivada em qualquer sistema ou banco de dados sem permissão escrita da Editora.

ISBN 978-65-5504-347-1

© EDIÇÕES LOYOLA, São Paulo, Brasil, 2024

107136

Dedico este pequeno trabalho
aos meus pais.

SUMÁRIO

Preâmbulo 11

Introdução 13
    Melitão de Sardes e sua homilia pascal 13
    O Anônimo Quartodecimano (= Pseudo-Hipólito) 19
    As duas homilias pascais: estilo, fontes, estrutura 21

MELITÃO DE SARDES
SOBRE A PÁSCOA

Exórdio. A páscoa, mistério antigo e novo 31

Primeira Parte. A páscoa judaica, ou seja, as figuras da realidade 37
    – O Egito é atingido 38
    – Israel é salvo 42
    – O esboço e a obra de arte 44
    – Israel e a Igreja 46

Segunda Parte. A páscoa cristã: a realidade das figuras 49
    – O pecado do homem 50
    – O mistério há muito preparado 55
    – A realização do mistério: a páscoa da nossa salvação 59
    – Israel rejeitou a seu Deus 63
    – Quem é aquele que foi posto à morte 67
    – Repriminda contra Israel 69
    – Os pagãos como testemunhas 71

Epílogo. A apoteose do Redentor 75

ANÔNIMO QUARTODECIMANO (PSEUDO-HIPÓLITO)
SOBRE A SANTA PÁSCOA

Pregão Pascal	81
– *Lumen Christi*	81
– Invitatório para a festa	84
Plano do tratado	89
– Plano da primeira parte	89
– Plano da segunda parte	93
Primeira Parte. A páscoa judaica: a economia da lei	95
– Encômio da lei	95
– A punição do Egito	98
– A exegese tipológica de Êxodo 12	101
Segunda Parte. A páscoa cristã: a economia de Cristo	113
– A encarnação: Cristo Deus e homem	114
– A paixão	122
A cruz, árvore cósmica	124
A combate cósmico	127
– A glorificação	133
A morte da morte	133
A descida à mansão dos mortos	134
A ressurreição	135
A ascensão ao céu	136
Epílogo	139
Hino a Cristo-Páscoa	139

APÊNDICES

Apêndice I. Os fragmentos das obras perdidas de Melitão de Sardes e de Apolinário de Hierápolis	145
I. Da *Apologia* ao imperador Marco Aurélio	145
II. Da própria *Apologia*	147
III. Das *Eclogae*	147
IV. Do tratado *Sobre a páscoa*	148
V. Da obra *Sobre o diabo e o Apocalipse de João*	149

VI. Da obra *Sobre a encarnação de Cristo* 149
VII. Do livro *Sobre o batismo* 150
IX. De obra incerta 151
X. De obra incerta 152
XI. De obra incerta 152
XII. De obra incerta 152
XIII. Do livro *Sobre a alma e o corpo* 153
XIV. Do livro *Sobre a cruz* 154
XV. Do livro *Sobre a fé* 155
XVI. Do livro *Sobre o Domingo* 157
Apolinário de Hierápolis, *Sobre a páscoa* 158
   I. Fragmento 158
   II. Fragmento 159

Apêndice II. Pseudo-Epifânio, *Sobre a santa páscoa* 161
   Homilia derivada de Melitão de Sardes 161
   Texto 163

Bibliografa 169

ÍNDICES

Índice bíblico 177

Índice dos autores 183

PREÂMBULO

Os textos reunidos aqui neste livro são todos textos litúrgicos pascais que nos restaram do século II, isto é: são os primeiros documentos em sentido absoluto da páscoa da Igreja, após o Novo Testamento.

Estes provêm em sua totalidade do ambiente da Ásia Menor e refletem a praxe pascal quartodecimana, isto é, das Igrejas que celebravam a própria páscoa em um dia fixo do mês, o 14 de Nisan, seguindo uma tradição herdada do Apóstolo João. Desse período, não temos, infelizmente, textos pascais litúrgicos (ou seja, efetivamente pronunciados na celebração pascal) provenientes de outras regiões da cristandade.

O primeiro desses textos é a homilia intitulada Peri Pascha, *isto é,* Sobre a páscoa, *de Melitão, bispo de Sardes, descoberta há quase cinquenta anos em um papiro, muito conhecida entre os estudiosos de liturgia e de patrística, mas ainda demasiadamente pouco assimilada pela nossa pastoral litúrgica. O segundo texto é a homilia* In sanctum Pascha, Sobre a santa páscoa, *atribuída até hoje a Pseudo-Hipólito de Roma. Eu o denominei Anônimo Quartodecimano após ter chegado, em um estudo anterior, à convicção que seu autor é contemporâneo (ou não muito posterior) e conterrâneo de Melitão. Trata-se, portanto, de duas homilias sob certo aspecto gêmeas; ambas escritas em grego para a liturgia da Vigília Pascal de uma comunidade da Ásia Menor, nas últimas décadas do século II.*

Elas são muito mais do que simples homilias, no sentido posterior do termo. São "liturgias da palavra" para a vigília de páscoa. De fato, elas contêm um embrião das principais partes da liturgia da palavra e que em seguida tenderão a se configurar como momentos litúrgicos distintos: o praeconium, *a leitura da Escritura e a homilia propriamente dita; tudo em uma prosa rítmica e por vezes hinódica, que permite já entrever o gênero do* Exultet *pascal.*

Após essas duas homilias, coloquei em sequência a coleção completa dos fragmentos que sobreviveram de todas as obras de Melitão e os dois fragmentos de seu contemporâneo Apolinário de Hierápolis (Apêndice I), bem como uma brevíssima homilia (dita do Pseudo-Epifânio) composta, ao que aprece, com materiais tirados de Melitão (Apêndice II).

Não tenho outra coisa a fazer senão confiar estas páginas aos cultores da liturgia e de sua história, com a esperança de que, por meio destes textos, tão perfumados ainda de fé e de fervor, possam – como ocorreu a quem os reuniu e estudou – sentir palpitar o coração da Igreja antiga.

R. C.

INTRODUÇÃO

1. Melitão de Sardes e sua homilia pascal

Melitão de Sardes se tornou em poucos anos uma personagem familiar e querida aos estudiosos da antiguidade cristã. É provável, contudo, que ele não seja ainda muito conhecido para além do círculo restrito dos cultores dessa matéria, logo, seria, pois, útil apresentar com alguns acenos que tenham em conta os estudos feitos sobre ele nos trinta anos transcorridos desde quando uma descoberta fortuita o trouxe novamente à ribalta.

Por aproximadamente quatro anos, de 1936 a 1940, C. Bonner trabalhou para decifrar dois pedaços de papiro – um pertencente à Universidade de Michigan e outro à coleção Chester Beatty –, que aos poucos se tornaram ilegíveis por causa da umidade e do uso. Eles eram provenientes do longínquo século IV e haviam permanecido todo o tempo sepultados sob as areias do Egito. Linha por linha, letra por letra, muitas vezes com o difícil trabalho de decifração e de reconstrução, aqueles pedaços de papiro enrolados iam restituindo uma joia da primeiríssima literatura cristã que havia se perdido ao longo dos séculos: o *Peri Pascha*, *Sobre a páscoa*, de Melitão de Sardes.

Em 1940, quando finalmente a obra apareceu para o público, foi como se inesperadamente uma janela tivesse se aberto de par em par sobre a vida litúrgica da primitiva comunidade cristã[1].

---

1. Bonner, C., *The Homily on the Passion by Melito Bishop of Sardis* (Studies and Documents, 12), London, 1940.

Contudo, muitas dúvidas permaneciam. O papiro trazia o nome do autor, mas não o título. Impressionado pela insistência do tema da paixão, o editor pensou que se tratasse de uma homilia para a Sexta-feira Santa e a intitulou – induzido por uma citação antiga – *Homilia sobre a paixão*. Qual não foi a surpresa quando, vinte anos depois, em 1960, foi reencontrada a mesma homilia de Melitão, mas desta vez com o título completo, em um papiro da coleção comprada em bloco pelo industrial suíço Bodmer[2].

Guiados agora por essas novas descobertas, os estudiosos se deram conta de que a mesma homilia, pelo menos em parte, havia sobrevivido – sem que ninguém percebesse – em várias traduções: latina, georgiana, copta; a latina (um epitome) chegou até mesmo a ser atribuída pelos códices ora a Agostinho, ora a Leão Magno[3].

Entretanto, quem foi esse Melitão? Uma personagem de grande relevo na cristandade da Ásia Menor no período que vai do ano 165 ao ano 185, aproximadamente. Um dos "grandes luminares", como o definiu Polícrates de Éfeso, ao escrever para o papa Vítor pouco depois de sua morte[4]. A tradição o apresenta como bispo de Sardes, na Lídia: uma das igrejas que tinha tido relações estreitas com João e à qual foi endereçada uma das sete cartas do Apocalipse (Ap 3,1-6), certamente não das mais afetuosas.

---

2. *Méliton de Sardes, Homélie sur la Pâque*. Papyrus Bodmer XIII, manuscript du IIIe siècle publié par Testuz, M., Cologny-Genève, 1960.

3. Cf. Chadwick, H., A latin Epitome of Melito's Homily on the Pascha, *J. Th. S., N. S.*, v. 11 (1960) 76-82. E apenas de relance é o caso de voltar ao problema da autenticidade do *Peri Pascha*. Desde que esse texto foi reencontrado nos dois papiros, uma única voz se levantou para colocar em dúvida sua autenticidade: cf. Nautin, P., L'homélie de 'Méliton' sur la Passion, *Rev. Hist. Eccl.*, v. 44 (1949) 429-438. Mas, no estágio atual dos estudos, parece-me fora de questão colocar alguma dúvida sobre o assunto, a menos que fosse fundamentado por novos elementos de análise. À parte o testemunho direto dos dois papiros que trazem o nome de Melitão, há o testemunho de Anastácio Sinaíta, *Viae dux*, 12 (PG, 89, 197 A) que cita uma frase desta homilia atribuindo-a, note-se, a Melitão. Todos aqueles que, de uma forma ou de outra, se debruçaram nestes anos sobre a homilia concluíram que se trata realmente de uma obra autêntica de Melitão de Sardes.

4. In: Eusébio, *Hist. Eccl.*, V, 24, 2.

A tradição grega reservou-lhe o título de santo. E, na realidade, em vista do elogio que lhe fez Polícrates, é fácil entrever em Melitão uma daquelas figuras típicas de bispo carismático, nos moldes de Inácio de Antioquia, que floresceram nos primeiros tempos da Igreja. Tertuliano afirma, indiretamente, que os católicos consideravam Melitão "um profeta"[5]; certamente no sentido neotestamentário com que o termo é usado por São Paulo. A própria homilia em questão poderia ser uma prova disso. "É necessário – escreve Polícrates – que eu nomeie [...] o eunuco Melitão, que viveu inteiramente no Espírito Santo e que jaz em Sardes à espera da visita celeste na qual ressurgirá dos mortos?"[6]. Eunuco não significa aqui "mutilado voluntariamente", como no caso de Orígenes. Simplesmente significa "célibe voluntário", como se pode deduzir do emprego que os escritores do período fazem desse termo (por exemplo, em Clemente de Alexandria).

Pode causar surpresa que um homem desse calibre tenha se deixado levar por uma polêmica realmente dura em relação aos judeus, a ponto de alguns o acusarem de ter sido "o primeiro poeta do deicídio" de Israel, pela sua frase: "Deus foi assassinado pela mão de Israel" (*Peri Pascha*, 96). O antijudaísmo dessa época deve, entretanto, ser considerado tendo presente uma situação muito particular. O cristianismo lutava então – como faz toda criatura que vem ao mundo – para sair da matriz em que se havia formado. Ademais, tratava-se neste caso de uma matriz que era tudo menos "maternal". Para nós restou, por razões compreensíveis, quase que apenas uma única versão dessa polêmica: a versão cristã. Mas tudo leva a crer que a opinião dos judeus também não fosse tão pacata.

Melitão tinha um forte interesse pelo mundo judaico. Ele mesmo nos relata isso, em um fragmento que se conservou, ao dizer que empreendeu uma viagem à Palestina para se informar com os próprios judeus sobre o cânon dos livros sagrados do Antigo Testamento[7]. E, não obstante, a polêmica antijudaica alcança nele uma temperatura mais elevada do que em seus contemporâneos, exceto talvez, na carta

---

5. In: JERÔNIMO, *De viris illustribus*, 24.
6. In: EUSÉBIO, *Hist. Eccl.*, V, 24, 5.
7. Cf. *Fragmento III* das *Eclogae* (137 s.). O texto é de grande interesse, pois contém o primeiro cânon cristão do Antigo Testamento.

de Pseudo-Barnabé. Isso é demonstrado também por uma obra latina, a *Adversus Judaeos*, que se considera uma derivação, pelo menos em parte, dele[8].

Esses tons mais acesos devem ser explicados, talvez, levando em consideração que na Ásia Menor, lugar em que viveu Melitão, a presença judaica é particularmente vivaz e aguerrida. Também o Evangelho de João, escrito na Ásia Menor, espelha uma situação análoga.

O contraste tornava-se mais agudo especialmente por ocasião da festa de páscoa. Em Sardes, como nas demais grandes cidades asiáticas, os judeus celebravam com grande pompa (ainda que sem o cordeiro imolado ritualmente) a sua páscoa, no mesmo dia dos cristãos, em 14 de Nisan. Era inevitável a seguinte questão: qual das duas é a páscoa bíblica legítima? Os judeus tinham mais de um motivo histórico a que recorrer para reivindicar para si o direito de celebrar a páscoa, instituída por ocasião de seu êxodo do Egito. Para justificar a própria páscoa, que, por um lado, coincidia com a páscoa antagonista dos judeus – isto é, em toda aquela parte que dizia respeito à prefiguração –, os cristãos não tinham senão um argumento, mas era decisivo. A páscoa que os judeus celebravam não tinha mais sentido algum; era uma pequena lanterna mantida acesa após o surgimento da luz do sol. Não podia existir mais uma páscoa judaica, ou legal, porque – dirá Melitão – não existe mais o povo judeu e não existe mais a Lei. "O povo foi esvaziado [de suas prerrogativas] após o surgimento da Igreja; a figura se dissolveu depois que o Senhor apareceu" (*Peri Pascha*, 43). A páscoa deles não é mais a páscoa do Antigo Testamento; mas é a páscoa que sobreviveu ao Antigo Testamento, sem qualquer beneplácito de Deus.

Dentro desse clima, assume uma grande relevância o tema da rejeição de Israel e da eleição dos gentios, que é, em certo sentido, o *leitmotiv* de toda a homilia. Mas essa rejeição devia ser explicada. Eis então a parte mais caduca da polêmica: a longa reprovação contra o Israel que não reconheceu o seu Deus, o Israel ingrato, o Israel criminal (*Peri Pascha*, 81), o Israel que devolveu a Jesus o mal pelo bem, a tristeza

---

8. O escrito, conhecido como sendo de Pseudo-Cipriano, foi reeditado com comentário e estudo introdutório feitos por VAN DAMME, D., *Pseudo-Cyprian Adversus Iudaeos. Gegen die Judenchristen. Die älteste lateinische Predigt*, Freiburg in Schweiz, 1969.

pela alegria, a morte pela vida – dirá Melitão, iniciando o gênero dos *Improperia*, isto é, das reprovações, que se recitarão na liturgia da Sexta-feira Santa.

Para compreender a homilia de Melitão interessa conhecer em especial sua posição sobre o problema pascal. A partir das palavras de Polícrates, acima evocadas, não se pode duvidar que Melitão tivesse praticado e defendido com os colegas de sua terra a tradição quartodecimana herdada de João. Recentemente foi feita uma tentativa de negar isso e sustentar que o bispo de Sardes havia se separado dos quartodecimanos para adotar a cronologia sinóptica e passar, na prática, para o *front* dos adversários das igrejas da Ásia. Mas, a meu ver, essa tentativa não foi bem sucedida[9].

Além da presente homilia, Melitão escreveu um tratado sobre a páscoa em dois livros que, no entanto, foi perdido. Esse tratado remontava historicamente – como é dito explicitamente em um fragmento conservado por Eusébio – à controvérsia nascida no seio dos quartodecimanos em Laodiceia entre 164 e 167. Seu escrito foi conhecido e imitado por Clemente de Alexandria[10].

Se seus livros sobre a páscoa o tornaram um porta-voz da tradição asiática, não menos simpatias e méritos lhe trouxeram na Igreja de seu tempo a sua franca defesa dos cristãos diante do imperador Marco Aurélio, sua virtuosa luta contra os heréticos gnósticos e os turbulentos montanistas de sua região. De seus escritos, que foram muito numerosos, restam apenas – exceção feita à homilia pascal – a lista dos títulos, redigida de modo relativamente confuso por Eusébio, e certo número de fragmentos que eu reuni integralmente em um apêndice desta coleção[11].

Sua fama de escritor logo ultrapassou as fronteiras da Ásia Menor, pois vinte anos depois vemos que é conhecido entre os gregos, de Cle-

---

9. HUBER, W., *Passa und Ostern*, Berlin, 1969, 31-45. A esse autor, que sustentou a mencionada tese, eu mesmo respondi através do artigo: Questioni melitoniane. Melitone e i quartodecimani, *Rivista di Storia e Letteratura Religiosa*, v. 6 (1970) 259-267.
10. Cf. EUSÉBIO, *Hist. Eccl.*, IV, 26, 3-4.
11. Para a lista dos títulos, cf. EUSÉBIO, *Hist. Eccl.*, IV, 26, 2. O capítulo 26 do livro IV de Eusébio é dedicado integralmente a Melitão, sinal que sua fama era ainda viva no século IV.

mente a Orígenes[12], e fez sua aparição também entre os latinos, ambiente em que um batalhão de admiradores manterá viva sua memória até um período mais tardio[13].

O declínio de Melitão, que levou ao progressivo desaparecimento de seus escritos, começou quando – após o triunfo da praxe pascal dominical – se começou a considerar os quartodecimanos como heréticos, até mesmo pela convivência que se estabeleceu entre alguns núcleos sobreviventes de quartodecimanos e cismáticos montanistas. Mas talvez tenha havido também motivos doutrinais. Algumas de suas ousadas formulações, como a que se encontra em *Peri Pascha*, 9 ("Cristo enquanto gera é Pai; enquanto é gerado é Filho"), que eram compreensíveis no clima do século II, devem ter parecido inadequadas após a eclosão das grandes controvérsias teológicas dos séculos IV-V. Nestório, por exemplo, no Concílio de Éfeso (431) tentará distinguir dois Melitões: um ortodoxo e outro herético[14]. Mais tarde, ao que parece, ele foi acusado de "teopasquismo" pela sua frase: "Deus é assassinado"[15]. Não obstante, os escritores ortodoxos continuaram por muito tempo a fazer apelo a Melitão, a fim de demonstrar a antiguidade de alguns dogmas cristológicos. De fato, em nenhum outro ponto seu pensamento foi tão firme, lúcido e rico de motivações quanto na doutrina sobre Cristo. Um autor desconhecido das primeiras décadas do século III (talvez o próprio Hipólito de Roma) o coloca ao lado de Ireneu nesse quesito, escrevendo sobre ele: "Quem não conhece os escritos de Ireneu, de Melitão e de outros que proclamam Cristo Deus e homem?"[16]. Por vezes, algu-

---

12. Quanto a Clemente, sabemos que em seu livro *Sobre a páscoa* não só citava Melitão ao lado de Ireneu (os dois autores parecem colocados no mesmo nível na estima da Igreja naquele período), como também reproduzia alguns trechos: cf. EUSÉBIO, *Hist. Eccl.*, VI, 13, 9. Para Orígenes, cf. *Hom. in Levit.*, X, 1 (GCS, Or. VI, 1, 441).

13. Sobre a presença de Melitão nos escritores latinos, cf. a resenha que fiz in: Questioni melitoniane. Melitone e i latini, *Rivista di Storia e Letteratura Religiosa*, v. 6 (1970) 245-259.

14. NESTÓRIO, in: SCHWARTZ, A. C. O., I, 4, 2, 52-53.

15. Cf. ANASTÁCIO SINAÍTA, *Viae dux*, 12 (PG, 89, 197A).

16. In: EUSÉBIO, *Hist. Eccl.*, V, 28, 5. Sobre a cristologia de Melitão permito-me indicar meu artigo: Méliton de Sardes. Une christologie antignostique du IIe siècle, *Rev. Sc. Rel.*, v. 37 (1963) 1-26.

mas de suas fórmulas cristológicas (como a das "duas substâncias" do *Fragm., VI*) foram acolhidas por Tertuliano e tiveram assim seu influxo no amadurecimento da definição dogmática de Calcedônia.

2. O Anônimo Quartodecimano (= Pseudo-Hipólito)

Antes de examinar um pouco mais de perto as duas homilias quartodecimanas, é bom apresentar também o segundo autor, de forma que possamos tratar em seguida, e conjuntamente, os problemas que dizem respeito ao estilo, estrutura e fontes das duas homilias que apresentam características muito afins.

A história do segundo escrito, intitulado nos códices de *Sobre a santa páscoa* (*In sanctum Pascha*), que aqui é traduzido pela primeira vez em português, é mais obscura e conturbada do que a do *Peri Pascha* de Melitão. Tendo eu me debruçado longamente sobre um volumoso estudo crítico[17], evoco apenas algumas notas mais importantes.

À diferença da homilia de Melitão, que havia permanecido ignorada até sua recente descoberta, esta segunda homilia era relativamente conhecida, ainda que "jogada" de um autor para outro e de um século para outro pela literatura cristã antiga. Ela se encontrava publicada no Migne, entre o acervo das obras espúrias de São João Crisóstomo[18]. Algumas observações de peso levaram-na a ser atribuída, a partir de 1926 em diante, ao célebre Hipólito de Roma, que viveu nas primeiras décadas do século III[19]. A atribuição resistiu por uns vinte anos. Em seguida, após contestações muito específicas, foi abandonada e pensou-se então em um autor mais tardio, do século IV, que teria reelaborado nela o material de um escrito perdido *Sobre a páscoa* de Hipólito[20]. Poucos anos depois, sobrepõe-se a essa hipótese outra, que tornava a homilia

---

17. Cf. *L'Omelia "In s. Pascha" dello Pseudo-Ippolito di Roma*, Milano, 1967.
18. PG, 59, 735-746.
19. Cf. MARTIN, Ch., Un "Peri tou Pascha" de saint Hippolyte retrouvé?, *Rech. Sc. Rel.*, v. 16 (1926) 148-165.
20. É a tese defendida por P. Nautin na edição organizada por ele sobre a homilia: *Homélies Pascales, I. Une homélie inspirée du Traité sur la Pâque d'Hippolyte* (SCh, 27), Paris, 1950.

até mesmo uma obra do papa Calisto, ou de seu ambiente, portanto, uma expressão da páscoa ocidental[21].

Uma longa série de observações (estilísticas, teológicas, litúrgicas) levaram-me então a situar a homilia no âmbito do século II, na Ásia Menor e a ver nessa homilia uma versão gêmea daquela feita por Melitão. Essa solução encontrou boa acolhida entre os estudiosos mais versados na matéria, de modo que – salvo inevitáveis retoques e esclarecimentos – podemos ler esse escrito hoje com a relativa segurança de nos encontrarmos diante de um documento autêntico e muito antigo da páscoa quartodecimana.

Não sendo possível lançar alguma hipótese sobre a identidade e o nome do autor, pensei em adotar a denominação de Anônimo Quartodecimano, que me parece ser a que mais corresponde, abandonando a denominação agora claramente falaciosa de Pseudo-Hipólito ou Pseudo-Crisóstomo ou, pior, de Autor monarquiano.

A importância desta recuperação é grande. Ainda quando pairava sobre esse escrito a incerteza sobre seu ambiente de origem e data, os poucos estudiosos que tiveram ocasião de trabalhar com ele não hesitaram em defini-lo como uma verdadeira joia em virtude do rico e sugestivo conteúdo teológico e por seu incomum interesse estilístico e linguístico (em seu texto o autor cunha uma dezena de novos vocábulos). "A mais bela e profunda das homilias pascais antigas conhecidas", assim a definiu um dos maiores cultores da homilética bizantina[22].

Embora tenha um parentesco evidente com a homilia de Melitão, pelo estilo e os numerosos temas em comum, esta aparece como um escrito independente. O autor é um bispo que, por conta própria, bebe do vasto repertório de materiais litúrgicos e catequéticos que se tornou patrimônio comum do cristianismo asiático e do qual Melitão claramente também bebe[23]. Ao lado das afinidades, as duas homilias apresentam uma originalidade e individualidade de temas e de desenvolvimento a ponto de torná-las igualmente preciosas e de as transformar como que

---

21. RICHARD, M., Une homélie monarchienne sur la Pâque, *Studia Patristica*, III (TU, 78), Berlin, 1961, 273-289.

22. MARTIN, Ch., Hippolyte et Proclus, *Rev. Hist. Eccl.*, v. 33 (1937) 264.

23. A relação entre as duas homilias foi estudada longamente por mim em: *L'Omelia "In s. Pascha" dello Pseudo-Ippolito*, 45-65.

em dois olhos com os quais se pode enxergar, com destaque, a páscoa cristã do século II.

3. As duas homilias pascais: estilo, fontes, estrutura

O estilo, as fontes e a estrutura do *Peri Pascha* de Melitão e do *In sanctum Pascha* do Anônimo Quartodecimano são tão afins que vale a pena tratá-los em conjunto.

O aspecto estilístico nesses escritos litúrgicos pascais é um dos mais relevantes, por vezes (especialmente em Melitão) até em detrimento da continuidade do discurso teológico, que é interrompido por longos trechos retóricos. Predomina o gosto pela antítese, pelo isocolismo (de *isócolo*, série de frases breves e simétricas), pela anáfora e pela rima final (*homoioteleuton*). Às vezes, como ocorre na descrição de Melitão das pragas do Egito (*Peri Pascha*, 22-30), o autor se deixa tomar pela retórica e exagera, a ponto de personificar tudo o que está sob a pena em prosopopeias ousadas e algo barrocas (a morte que se mantém escondida na sombra e agarra durante sua passagem os primogênitos egípcios; todo o Egito que vai até o Faraó em lágrimas e bate em seu peito como se fosse uma mulher).

Tudo isso se explica facilmente, sem recorrer à sabe-se lá quais influências orientais (Norden e Bonner), permanecendo no âmbito da tradição literária grega do período (Wifstrand). A comparação com autores pagãos daquele tempo, como Máximo de Tiro, Élio Aristides, Dion Crisóstomo e Apuleio, revela em Melitão e no Anônimo a preocupação de usar uma linguagem agradável para a sua época e de pôr a serviço da liturgia cristã um gênero literário, o "discurso sacro", cultivado em campo pagão nos santuários da Ásia Menor por determinadas fraternidades de *hymnologoi* e de *theologoi*. Um gênero literário que, além do mais, devia absolver uma tarefa específica, comunitária e litúrgica, ou seja, a de fornecer textos facilmente memorizáveis, graças a particulares artifícios retóricos, em uma época em que não existiam os folhetos para os fiéis e nem mesmo fontes litúrgicas escritas.

Isso explica o fato de que, às vezes, a prosa dessas duas homilias (visto que de prosa se trata, e não de poesia, como alguém sugeriu) tenha uma cadência hinódica. É um "cantar sem métrica", como dizia

Aristides, seu colega mais qualificado na questão dos "discursos sacros" em âmbito pagão.

Não obstante o juízo irônico de Tertuliano, que definiu Melitão como "elegans et declamatorium ingenium"[24], o estilo de Melitão exerceu indubitavelmente um fascínio na antiguidade e, não sem razão, alguém lhe atribuiu uma parte relevante no nascimento da hinologia litúrgica bizantina[25].

Quanto às **fontes** da homilética pascal do século II, creio que se possam individuar três matrizes principais: a *Haggadá* pascal judaica, algumas partes do Novo Testamento, nascidas como catequese pascal, os *mistérios pagãos*, pela terminologia, e alguns escritos gnósticos utilizados para fins polêmicos[26].

Da *Haggadá* os dois homiliastas emprestam – às vezes escancaradamente – aproximações e citações bíblicas do Antigo Testamento e temas litúrgicos. Não insisto nisso aqui pois haverá oportunidade de se pôr em evidência essa questão na medida em que se vai fazendo o comentário aos textos.

O Novo Testamento oferecia, além da substância fundamental do pensamento e do *kerygma*, o exemplo da exegese tipológica em que se sobressai Hebreus 10,1[27], e apresentava, ao mesmo tempo, alguns modelos de parênese pascal, como Primeira Carta aos Coríntios 5,6-8 e toda 1 Pedro. Há quem vá além e veja nos próprios Evangelhos, ou ao menos em algumas partes suas, os primeiros modelos de uma *Haggadá* pascal cristã. Isso foi proposto com insistência para seções inteiras do quarto Evangelho e, mais recentemente, para todo o Evangelho de Marcos. Se isso for verdade, deveríamos concluir que a homilia pascal do século II é a herdeira mais direta, a continuação – não mais canônica, mas igual-

---

24. In: Jerônimo, *De viris illustribus*, 24.
25. Cf. Wellesz, E. J., Melito's Homily on the Passion. An Investigation into the Sources of Byzantine Hymnography, *J. Th. S.*, v. 44 (1943) 41-52.
26. Faço aqui apenas um aceno ao fato, já que dediquei ao problema das influências gnósticas um artigo específico intitulado: Les homélies pascales de Méliton de Sardes et du Ps.-Hippolyte et les Extraits de Théodote, in: *EPEKTASIS. Mélanges patristiques J. Daniélou*, Paris, 1972.
27. Cf. o meu artigo: Il papiro Chester-Beatty III (F 46) e la tradizione indiretta di Hebr. 10,1, *Aegyptus*, v. 45 (1965) 194-215.

mente autêntica – do *kerygma* neotestamentário. O elo seria constituído justamente pela 1 Pedro, que participa de ambos: da canonicidade do Novo Testamento e do gênero da homilia pascal[28].

Quanto à influência dos cultos mistéricos – que ao longo de décadas foi objeto de apaixonada discussão –, os dois documentos dão testemunho de uma notável disposição dos cristãos em acolher a terminologia e mesmo algumas representações (a aceitação dos termos nunca se dá sem a aceitação de alguma ideia) que derivam, sem sombra de dúvida, dos cultos mistéricos que eram então muito vivazes nas cidades da Ásia Menor. Esse processo de assimilação ou, se assim se prefere, de diálogo (é justamente a vontade de dialogar com a parte mais viva da religiosidade pagã que deve ser percebido como o pano de fundo da questão) não avançou, assim mo parece, muito além disso, a ponto de envolver a noção mesma de *mystérion*, que permanece bíblica por seu profundo enraizamento na história da salvação, que é desconhecido ao mundo grego. Nunca um hierofante pagão teria definido o mistério por ele manifestado como "mistério antigo e novo, antigo segundo a Lei, novo segundo o Verbo", como o faz Melitão (*Peri Pascha*, 2)[29]. O mistério pagão (de Ísis, de Deméter, de Mitra etc.) é sempre algo que ocorre "in illo tempore", em um tempo mítico primordial, isto é, fora do tempo.

---

28. Essa é a opinião sustentada acerca de 1 Pedro por CROSS, F. L., *I Peter. A Paschal Liturgy*, London, 1957, que é apoiada por outros pesquisadores. Quanto aos Evangelhos, é conhecida a tese que vê em João, especialmente no capítulo 6, um exemplo de *Haggadá* pascal cristã: cf. GAERTNER, B., *John 6 and the Jewish Passover*, Lund, 1969. O mesmo foi sustentado – aparentemente com algum exagero – para todo o Evangelho de Marcos: BOWMAN, J., *The Gospel of Mark. The new christian jewish Passover Haggada*, Leiden, 1965. Para o Apocalipse, cf. SHEPHERD, H., *The Paschal Liturgy and the Apokalypse*, London, 1960.

29. Para esta parte das fontes, cf. *L'Omelia "In s. Pascha" dello Pseudo-Ippolito*, 428-451. As duas homilias levam-nos, pois, a manter reservas em relação à tese de Odo Casel sobre "analogias entre a páscoa e os mistérios pagãos": cf. o artigo de sua autoria: CASEL, O., Art und Sinn der ältesten christlichen Osterfeier, *Jahrb. F. Liturgiew.*, v. 14 (1934) 1-78, traduzido em francês com o título: *La fête de Pâques dans l'Eglise des Pères* (Lex Orandi, 37), Paris, 1963, 118-129.

A **estrutura** das duas homilias é de tal modo semelhante que sugere um gênero litúrgico já bem definido em suas linhas essenciais, dentro do qual cada um, conforme suas capacidades e gostos, colocava um conteúdo seu, variando temas familiares à catequese do período.

A homilia pascal neste período possui duas partes. A primeira trata da páscoa antiga da Lei em chave tipológica, partindo do venerando texto de Êxodo 12, para mostrar como tudo nela – eventos e profecia – estava orientado para a páscoa nova de Cristo, como a figura para a realidade e o esboço para a obra de arte. A segunda parte trata do mistério cristão da páscoa, isto é, do plano divino realizado em Jesus Cristo, o qual, preexistindo como Deus, se encarna, sofre, morre, ressuscita e sobe aos céus, trazendo uma redenção definitiva, que agora é oferecida a todos os povos. Redenção que na celebração litúrgica da Vigília Pascal é como que explanada em suas implicações sacramentais e místicas diante da assembleia dos fiéis, por obra do próprio Cristo, que fala em primeira pessoa, em uma espécie de epifania cultual.

A estrutura dessas homilias é um espelho fiel no qual se reflete a compreensão que a Igreja então tinha do mistério pascal. Sua característica essencial é a globalidade: seu conteúdo estende-se tanto quanto a própria história da salvação. Na reflexão da Igreja ocorreu uma dilatação da ideia pascal inicialmente ligada à imolação do cordeiro (cf. o "Pascha nostrum immolatus est Christus" de 1Cor 5,7), de modo que a expressão "mistério da páscoa" (que nasce justamente com estes autores) chega a abranger o plano salvífico de Deus em sua totalidade e a coincidir com o "mistério de Cristo" de São Paulo (Cl 4,3; Ef 3,4). É por isso que Melitão pode estabelecer com toda a naturalidade a ousada equivalência: "O mistério da páscoa é Cristo" (*Peri Pascha*, 65).

O mistério pascal vive aqui sua breve, mas esplêndida primavera de unidade. Em seguida (principalmente a partir do século IV), o amadurecimento interno de cada momento que o compõe (preparação ou "advento", encarnação, morte, ressurreição, ascensão) levará à ruptura do invólucro litúrgico que os mantinha reunidos na celebração da Vigília Pascal, e haverá uma proliferação de festas distintas distribuídas no ano litúrgico, que começa a ser uma realidade específica. Nessa época, não existe outra festa "anual" além da páscoa. A de Pentecostes, nomeada por vezes nas fontes (*Epistula Apostolorum*, Tertuliano, *Acta Pauli*), indica todo o período dos 50 dias que se sucedem à páscoa, o "laetissimum spatium", como o chama Tertuliano, ou "o grande domingo", como é considerado por Atanásio[30]. Também o natal e a Epifania nascerão mais tarde, ao longo de século IV.

Prevalece, no culto, o critério mistérico que *associa* os fatos da salvação segundo o seu significado salvífico, e não o critério cronológico, ou historicista, que, em vez disso, *divide* os eventos, a fim de comemorar cada um exatamente no tempo de seu aniversário. A diferença entre os dois modos de celebração foi formulada por Santo Agostinho, a propósito da diferença entre a páscoa e o natal, e a seus olhos isso era também uma justificativa para a data móvel da festa pascal. A primeira é chamada de celebração "in sacramento", ou seja, a modo de mistério; a segunda, a modo de aniversário, para a qual não se requer outra coisa senão que a festa recaia exatamente no dia do aniversário do evento que se comemora[31].

Na época de Melitão e do Anônimo, que era seu contemporâneo, a páscoa era realmente a síntese de toda a história da salvação, que nesse dia era revivida como história unitária e contínua, da criação à *parusia*. Nenhum momento dessa história, por mais relevante que fosse, foi retirado para ser celebrado à parte. Isso explica porque os dois homiliastas traçam um quadro do mistério pascal em que a preexistência, a prefiguração veterotestamentária, a encarnação, a vida pública, a paixão, a morte, a ressurreição e a ascensão ao céu ocupam o mesmo posto e aí aparecem com pleno direito. A páscoa, na verdade, poderia ser chamada de a festa dos dois Testamentos[32].

Naturalmente, essa disposição da matéria permitia unir, como tipo e realidade, a páscoa judaica e a cristã, implicando também uma forte acentuação do tema da rejeição de Israel e da eleição dos povos: a substituição definitiva da Lei pelo Evangelho, da Sinagoga pela Igreja. Dentro desse esquema, entrelaçam-se naturalmente muitos outros te-

---

30. Tertuliano, *De baptismo*, 19,2; Santo Atanásio, *Epist. Fest.*, 1 (PG, 26, 1366).

31. Santo Agostinho, *Epist.* 55,1,2 (CSEL, 34, 170-171). Essa rígida distinção, compreensível numa época em que a festa de natal estava em seus inícios, não seria mais aceitável nos dias atuais: cf. Gaillard, J., Noël, memoria ou mystère?, *La Maison-Dieu*, v. 59 (1959) 37-59.

32. Tratei de modo mais geral dessas características litúrgicas e teológicas da páscoa primitiva no meu estudo intitulado: *La Pasqua della nostra salvezza. Le tradizioni pasquali della Bibbia e della primitiva Chiesa*, Torino, 1971.

mas. Contudo, temos um critério objetivo, fornecido pelo próprio Melitão por meio de sua homilia e facilmente reproduzido na homilia do Anônimo, que permite individuar os pontos de articulação do discurso, ou seja, as passagens de uma parte para a outra. Para Melitão é a doxologia, que se repete quatro vezes, como se fosse uma espécie de cadência ao fim de cada "período" de sua composição. As doxologias em Melitão estão colocadas nos §§ 10, 45, 65 e 105 e todas correspondem, como se verá no esquema, a importantes núcleos do discurso. Levando-os em consideração, indico em seguida o plano do *Peri Pascha*, ao qual sucederá o da homilia do Anônimo, para que se possa perceber melhor a sua homogeneidade fundamental.

Esses dois escritos são algo mais do que simples homilias, principalmente se os compararmos com as homilias posteriores. Cada uma delas é muito mais uma "liturgia da palavra" para a Vigília Pascal. Da liturgia da palavra, de fato, estas contêm em fase embrionária todas as principais partes que, com o desenvolvimento da liturgia, irão se configurar como momentos ou atos litúrgicos diferentes, ou seja: o *praeconium* (o futuro *Exultet*), a leitura bíblica, sua explicação e a verdadeira e própria homilia, que se introduz na liturgia eucarística, elevando seu tom no final, como em uma espécie de prefácio.

Plano do *Peri Pascha* de Melitão:

Introdução: §§ 1-10: A páscoa mistério antigo e novo.
Primeira Parte §§ 11-45: A páscoa Judaica, ou seja, *As figuras e as profecias da realidade*.
Segunda Parte §§ 46-99: A páscoa cristã, ou seja, *A realidade das figuras*.
    (a) §§ 46-65: Antecedentes da salvação: o pecado do homem (§§ 47-56) e as promessas de Deus (§§ 57-65).
    (b) §§ 66-99: O mistério realizado no corpo do Senhor e a ingratidão de Israel.
Epílogo: §§ 100-105: A apoteose do Redentor.

Plano do *In sanctum Pascha* do Anônimo Quartodecimano:

Pregão pascal §§ 1-12: Hino a Cristo-Luz e Invitatório para a festa.
Introdução §§ 13-25: Plano da tratativa e sua justificação.

Primeira Parte §§ 26-72: A páscoa judaica, ou seja, *A economia da Lei*.
(a) Preâmbulo: o mistério integral da páscoa: o Egito e a páscoa (§§ 26-39).
(b) A exegese tipológica de Êxodo 12 (§§ 40-72).

Segunda Parte §§ 73-116: A páscoa cristã, ou seja, *A economia do Verbo*.
(a) A Encarnação (§§ 75-91).
(b) A Paixão (§§ 92-108).
(c) A glorificação (§§ 109-116).

Epílogo §§ 117-121: Hino final a Cristo-Páscoa.

Nota sobre o texto utilizado na tradução

A tradução do *Peri Pascha* de Melitão se baseia na edição crítica organizada por PERLER, O.: *Méliton de Sardes, Sur la Pâque et fragments*. Introduction, Texte critique, traduction et notes (SCh, 123), Paris, 1966. Entretanto, levei em consideração também algumas propostas de melhoria do texto que foram feitas após essa edição, principalmente as que de HALL, S. G., The Melito Papyri, *J. Th. S., N. S.*, v. 19 (1968) 476-508. Considerei necessário em alguns casos corrigir a divisão dos parágrafos da edição de Perler, já que esta, por sua vez, remonta à edição de Bonner, quando muitos parágrafos estavam ainda incompletos ou faltavam totalmente. Entretanto, nestes casos a numeração do texto grego de Perler está indicada ao lado entre colchetes. Adicionei aos fragmentos de Melitão reunidos por Perler o breve texto descoberto recentemente, que deriva do escrito melitoniano *Sobre o Domingo*.

A tradução da homilia do Anônimo Quartodecimano se baseia na edição organizada por NAUTIN, P.: *Homélies pascales, I. Une homélie inspirée du traité Sur la Pâque d'Hippolyte* (SCh, 27), Paris, 1950. O texto dessa homilia está ainda em um estado muito defeituoso, também por culpa da tradição manuscrita lacunosa. Uns vinte melhoramentos do texto foram propostos por mim no volume *L'Omelia "In s. Pascha"*, 406-427, tendo por base uma releitura dos códices. Naturalmente, eu os terei presentes na tradução, assim como em todo o material manuscrito reunido por mim em vista de uma nova edição crítica.

Adotei uma nova divisão da homilia em parágrafos de comprimento homogêneo, analogamente ao que foi feito para a homilia de

Melitão. A velha numeração da edição de P. Nautin é reproduzida ao lado, entre colchetes, para tornar possíveis as comparações entre o texto grego e a tradução.

As citações da *Haggadá* ou do *Seder* pascal judaico, que se encontra no comentário aos textos, foram tiradas da edição com texto hebraico e tradução italiana de BONFIL, R., *Haggada di Pésach*, Milano, Fondazione Sally Mayer, 1962.

Melitão de Sardes

SOBRE A PÁSCOA

EXÓRDIO

A páscoa, mistério antigo e novo

1. Foi lida a passagem do Êxodo dos judeus[a] e as palavras do mistério foram explicadas[1]:   (a) Ex 12,1 ss.

---

1. A passagem da Escritura lida é Êxodo 12,1 ss., que narra a instituição da páscoa e a imolação do cordeiro. Portanto, é errado traduzir: "A passagem que trata do êxodo dos judeus", como se fizesse alusão à passagem do Mar Vermelho. O primeiro dístico da homilia deu lugar a uma discussão interessante: Zuntz, seguido por muitos outros, propôs a seguinte interpretação: "A leitura do Êxodo foi lida em *hebraico* e as palavras do mistério foram *explicadas*", ou seja, traduzidas em grego. Daí surgia a crença de que no culto cristão primitivo a Escritura do AT era lida primeiro na língua hebraica e, em seguida, traduzida, ou parafraseada em grego para os ouvintes, analogamente a quanto ocorria no culto sinagogal em que o texto era lido em hebraico e depois traduzido (*Targum*) em aramaico. Essa explicação, entretanto, não resistiu às várias críticas que foram feitas a ela, de modo que atualmente há uma propensão de se aceitar a solução proposta desde o início por Bonner: o trecho do Êxodo foi lido (em grego); em seguida um leitor, ou mais verossimilmente o próprio Melitão, deu continuidade com uma explicação literal: uma breve paráfrase exegética do texto para desbastar as dificuldades gramaticais, históricas ou textuais. O fato de o texto bíblico ser lido em grego é deduzível da prática que os próprios judeus da diáspora tinham de usar o grego em seu culto, sem contar que a falsa etimologia *pascha-pathos* estabelecida por Melitão (*Peri Pascha*, 46) não é explicada senão a partir do texto grego. Outros entendem a segunda frase como uma repetição da primeira, ou seja, como que se referindo também ela à leitura do texto bíblico ("as palavras do mistério foram postas à luz"),

        assim como a ovelha é imolada
        e como o povo é salvo
        <e como o Faraó é flagelado por causa do mistério>².

2.   Ora, amadíssimos, deveis compreender como
       novo e antigo^b   (b) Mt 13,52
       eterno e temporâneo
       perecível e imperecível
       mortal e imortal
       é o mistério da páscoa³.

3.   Antigo em razão da Lei,
       novo em razão do Verbo⁴;
       temporâneo pela figura,
       eterno pela graça^c
       perecível graças à morte da ovelha,
       imperecível graças à vida do Senhor;
       mortal pela sepultura sob a terra,
       imortal pela ressurreição dos mortos.

(c) Jo 1,17

---

excluindo a ideia de uma explicação intermediária entre a leitura e a homilia (Testuz, M., *Papyrus Bodmer XIII*, 18 e Hall, G. S., Melito Peri Pascha 1 and 2, *Kyriakon*, 239 ss.).

    2. Essa frase está ausente no texto grego (que neste ponto é representado apenas pelo papiro A), mas é reconstruída pelo testemunho conjunto da versão latina ("quomodo Pharao per mysterium verberatus est") e pela versão georgiana. Se é autêntica, como parece (cf. Hall, G. S., op. cit., 236-237), faz alusão às pragas com que Deus convenceu o Faraó.

    3. *O mistério da páscoa*: essa expressão encontra aqui e na homilia do Anônimo Quartodecimano seu primeiro testemunho entre as fontes que chegaram até nós. O termo *mystérion* não era totalmente desconhecido para o mundo judaico e bíblico. São Paulo fala do "mistério de Cristo" (Cl 4,3; Ef 3,4). Mas pela frequência com que o termo é usado nas duas homilias e pela terminologia que o acompanha, *mystérion* pressupõe claramente uma referência aos mistérios pagãos, aos quais o mistério cristão, muito mais do que ser assimilado por eles, é contraposto como o único realmente salvífico.

    4. A contraposição entre Lei (*Nomos*) e Verbo (*Logos*), aqui e nos parágrafos seguintes, indica a oposição entre a Lei mosaica e o Evangelho; entre o AT (figura ou *typos*) e o NT (realidade e graça). Percebe-se a reminiscência de João 1,17: "A Lei foi dada por meio de Moisés, a verdade e a graça se realizaram por meio de Cristo".

4. De fato, antiga é a Lei,
novo, pelo contrário, é o Verbo;
temporária é a figura,
eterna é a graça;
corruptível a ovelha,
incorruptível o Senhor;
não quebrado como cordeiro[d]
ressuscitado como Deus.

(d) Ex 12,10;
Jo 19,33.36

5. De fato "como ovelha foi conduzido à morte"[e]
e, no entanto, não era uma ovelha;
e como cordeiro sem voz,
e, no entanto, não era um cordeiro:
isso, de fato, ocorreu como figura
para que a verdade se tornasse manifesta[5].

(e) Is 53,7;
At 8,32

[5] No lugar do cordeiro veio o Filho
e no lugar da ovelha, o homem[6]
e no homem Cristo que tudo contém[f].

(f) Cl 1,17;
Hb 1,3

---

5. Toda a frase (*isso... manifesta*), com um sentido relativamente obscuro no texto grego, se lê tal e qual também na homilia *In sanctum Pascha*, 6. O fato se explica considerando que os respectivos autores mostram em mais ocasiões que bebem de uma catequese comum, que foi se cristalizando em fórmulas fixas na liturgia pascal da Ásia Menor. O conceito expresso na frase parece ser o seguinte: toda a economia antiga – e em particular a páscoa – tinha a finalidade de anunciar, a modo de figura, as realidades da Nova Aliança, tendo sido há muito tempo preanunciadas, de modo que encontrassem mais facilmente crédito.

6. APOLINÁRIO DE HIERÁPOLIS, *Fragm., II* (Apêndices, página 147): "No lugar do cordeiro, o Filho de Deus" e o ANÔNIMO QUARTODECIMANO, *In sanctum Pascha*, 7: "o Pastor no lugar do cordeiro": outro elemento comum, dada a matriz litúrgica comum da qual esses autores bebem. A vítima pascal, segundo Êxodo 12,3 ss., devia ser uma cabeça de rês ovina miúda. Os LXX traduziram o termo hebraico *seh* com *próbaton*, que significa *ovelha*, mas que pode ser também carneiro e cabrito, ou seja, uma rês ovina. Entretanto, para designar Cristo como vítima pascal, o NT usa constantemente o termo cordeiro (*amnós* ou *arníon*) pela ressonância messiânica desse termo devido a Isaías 53,7 e Jeremias 11,19 (cf. Jo 1,29; 1Pd 1,19 e Ap, *passim*). A tradição cristã posterior atribuirá a Cristo ambos os termos, na medida em que foram consagrados pelo texto de Isaías 53,7: "Como ovelha (*próbaton*) foi conduzido

6. A morte da ovelha
e o sacrifício do cordeiro
e a escritura da Lei

(g) Rm 10,4;
Mt 5,17

encontraram seu cumprimento em Jesus Cristo[g];
em vista dele tudo ocorre na antiga Lei,
e com maior razão no novo Verbo[7].

7. A Lei, de fato, se tornou Verbo

(h) 2Cor 5,17

e o antigo, novo[h],

(i) Is 2,3;
Mq 4,2

partindo ambos de Sião e de Jerusalém[i]
e o mandamento, graça,
e a figura, realidade,
o cordeiro, Filho,
e a ovelha homem
e o homem, Deus.

8. Como Filho, de fato foi gerado

(j) Is 53,7

e como cordeiro arrastado [para o sacrifício][j]
e como ovelha, imolado
e como homem, sepultado,
mas ressurgiu dos mortos como Deus,
sendo por natureza Deus e homem[8].

(k) Cl 3,11;
1Cor 15,28

9. Ele é tudo[k]:
enquanto julga, Lei,

---

ao matadouro e como cordeiro (*amnós*) diante a quem o tosa...". Melitão é o único que distingue claramente os dois termos. Ele reserva ovelha (*próbaton*) para designar Cristo enquanto homem, e cordeiro (*amnós*) para designar Cristo enquanto Deus e Filho de Deus: ver também § 7: "o cordeiro se tornou Filho e a ovelha homem". Uma distinção análoga encontra-se em Gregório Nazianzeno, que escreve: "Ovelha (*próbaton*) enquanto vítima; cordeiro (*amnós*) enquanto perfeito" (*Orat.* 30,21; PG, 36,132 C).

7. "O novo Verbo" indica aqui o Evangelho, o Novo Testamento, em oposição à Lei antiga. A frase evoca Romanos 10,4: "O fim da Lei é Cristo".

8. Essa frase é uma das primeiríssimas afirmações explícitas da existência de *duas naturezas* em Cristo. A afirmação encontra uma correspondência no *Fragmento VI* do próprio Melitão, no qual aparece pela primeira vez a fórmula: "duas substâncias". (Cf. página 149).

enquanto ensina, *Logos*[9],
enquanto salva, Graça,
enquanto gera, Pai,
enquanto é gerado, Filho[10]
enquanto padece, ovelha,

---

9. O binômio *Nomos-Logos*, isto é, Lei e Palavra, aqui não indica a oposição entre Lei e Evangelho como em outros trechos; mas são dois títulos ou atributos pessoais de Cristo. Também no *Fragmento XV* de Melitão, Cristo é definido *Nomos* e *Logos*. Materialmente, os dois títulos derivam de Isaías 2,3: "De Sião sairá a *Lei* e a *Palavra* do Senhor de Jerusalém", texto citado por Melitão no § 7. Mas a aplicação conjunta destes a Cristo é fruto de uma tradição judaico-cristã que considerava a *Torah*, a Lei, como criatura primogênita de Deus e preexistente ao mundo, tal como a Sabedoria. Mas talvez não seja de excluir uma influência da doutrina estoica que definia a Lei, o *Nomos*, como *recta ratio*, ou seja, como *Logos*, e identificava tanto o *Nomos* como o *Logos* com o princípio divino ínsito na natureza. São várias as fontes cristãs primitivas que testemunham a popularidade dessa tradição do Cristo *Nomos* e *Logos*: o apócrifo *Pregação de Pedro*, Clemente de Alexandria, o Pastor de Hermas e o Anônimo Quartodecimano (*In sanctum Pascha*, 59): cf. CANTALAMESSA, R., *L'Omelia "In s. Pascha"*, 155-157.

10. Com essas duas frases, Melitão parece deixar transparecer uma forma de modalismo: a heresia que nega a distinção real e pessoal entre o Pai e o Filho. Mas, a partir da comparação com os vários textos da época (*Atos de João*, 98; TEÓFILO DE ANTIOQUIA, *Ad Autol.*, I, 3; CLEMENTE DE ALEXANDRIA, *Pedag.*, I, 71, 3; III, 115, 2; IRENEU, *Demonstração*, 47) somos levados a concluir que Melitão não nega a distinção entre Pai e Filho (por outro lado, contida explicitamente em vários textos seus). *Pai* significa aqui *Deus*, assim como no *Fragmento XIV* "a forma do Pai" indica, em virtude da referência à Filipenses 2,6, "a forma de Deus". Na base dessa imprecisão de linguagem está a falta ainda da distinção entre natureza e pessoa em Deus e, talvez, ainda mais, a influência de João 10,30: "Eu e o Pai somos um" e João 14,10: "Eu estou no Pai e o Pai está em mim": cf. o artigo que dediquei à toda a questão: Il Cristo "Padre" negli scritti del II-III sec., *Riv. St. Lett. Rel.*, v. 3 (1967) 1-27. Trata-se da mesma concepção histórico-salvífica da Trindade, cujo melhor paralelo encontra-se no texto de Ireneu: "Segundo a essência e a potência da sua natureza, aparece um único Deus, mas enquanto administrador e dispensador da nossa salvação, ele é Filho e Pai" (*Demonstração*, 47). Esta linguagem, se não é herética, prepara no entanto o terreno para a heresia monarquiana que eclodirá alguns anos após Melitão, por mão de Noeto, na igreja próxima de Esmirna.

enquanto é sepultado, homem.
Enquanto ressuscitado, Deus.

10. Assim é Jesus Cristo,
ao qual seja dada glória nos séculos. Amém[11].

---

11. Estamos diante de uma doxologia exclusivamente cristológica, ou seja, em que falta a menção ao Pai e ao Espírito Santo. É a mesma que se lê também no fim da outra homilia (*In sanctum Pascha*, 121). Esta possui uma origem litúrgica e está contida no NT, em que se refere ora ao Pai, ora a Cristo e ora a ambos: cf. 1 Timóteo 6,16; 1 Pedro 4,11; Apocalipse 1,6. Sua utilização frequente indica o sentido muito aguçado que se tinha nesse período em relação à divindade de Cristo.

PRIMEIRA PARTE

A PÁSCOA JUDAICA, OU SEJA, AS FIGURAS DA REALIDADE

11. Este é o mistério da páscoa
    como é descrito na Lei
    e como acaba de ser lido.
        Explicarei agora as palavras da Escritura:
    aquilo que Deus ordenou a Moisés no Egito,
    quando quis submeter o Faraó ao flagelo
    e, por sua vez, livrar Israel do flagelo pela mão de Moisés.

12. Com efeito, disse: Eis que tu tomarás um cordeiro imaculado e sem defeitos[a];   (a) Ex 12,3.5; 1Pd 1,19
    ao cair da tarde o imolarás na presença dos filhos de Israel[b]   (b) Ex 12,6
    o comereis durante a noite apressadamente[c]   (c) Ex 12,11
    e não lhe quebrareis osso algum[d].   (d) Ex 12,10

13. Eis, disse, como fareis:
    o comereis em uma única noite, distribuídos por famílias e tribos[e],   (e) Ex 12,3.8
    com os rins cingidos e com o cajado em vossas mãos[f].   (f) Ex 12,11
    Esta, com efeito, é a páscoa do Senhor[g]   (g) Ex 12,11.27
    memorial perene para os filhos de Israel[h]   (h) Ex 12,14

14. Com o sangue da ovelha
    ungireis o exterior das portas de vossas casas[1]

---

1. *Ungireis*: o texto de Êxodo 12,7 usa aqui o verbo pôr (τίθημι) "poreis o sangue sobre as portas". Mas a tradição cristã desde os primeiros tempos

(i) Ex 12,7

        pondo sobre os umbrais de ingresso
        o sinal do sangue como intimidação ao anjo[i].
           Eis, com efeito, que eu me apresso em golpear o Egito
           em uma só noite será privado de seus filhos, desde os reba-

(j) Ex 12,12.29
        nhos até o homem[j].

15. Então Moisés, tendo matado uma ovelha,
     durante a noite, celebrou o mistério junto com os filhos de Israel,
     e marcou as portas das casas[2],
     como proteção do povo,
     como intimidação ao anjo.

O Egito é atingido

16. No tempo em que a ovelha é imolada
     e a páscoa é comida
     e o mistério é levado ao cumprimento,
     quando o povo faz festa
     e Israel é marcado,
     eis que chega o anjo para atingir o Egito;
         [o Egito] não iniciado no mistério[3]
         não participa da páscoa,
         não é marcado pelo sangue,
         nem protegido pelo Espírito,

(JUSTINO, *Dial.*, 40, 1; ANÔNIMO, *In sanctum Pascha*, 38) e, depois, sempre mais amplamente substituiu o verbo neutro "pôr" pelo verbo "ungir" (χρίω) e isso com a finalidade evidente de adicionar a Êxodo 12,7 a figura do rito da unção em uso na iniciação cristã, em íntima conexão com o batismo: cf. CANTALAMESSA, R., *L'Omelia "In s. Pascha"*, 306-328.

2. *Marcou* (ἐσφράγισεν), outro termo técnico sugerido pelo desejo de ver já de forma velada no relato do Êxodo as realidades sacramentais cristãs. De fato, o verbo *sphragizo* era usado correntemente no século II para indicar o batismo e a unção.

3. Todo este trecho descreve a páscoa bíblica utilizando-se de uma terminologia tirada dos cultos mistéricos pagãos: as expressões mais típicas são: "cumprir o mistério" (τὸ μυστήριον τελεῖται); "não iniciado (ἀμύητον) ao mistério"; "não marcado (ἀσφράγιστον) pelo sangue".

        o inimigo,
        o infiel:
    em uma única noite o atingiu privando-o de seus filhos.

17. De fato, o anjo andava rondando por Israel[k] (k) Ex 12,29-30
    e vendo-o marcado com o sangue da ovelha
    se voltou contra o Egito[4]
    e dobrou com a desventura
    o Faraó da dura cerviz.
    Não de uma veste de luto,
    nem com um manto esfarrapado o revestiu,
    mas todo o Egito lhe deu como se fosse uma veste arrancada
    pela dor de seus primogênitos[5].

18. De fato, todo o Egito,
    mergulhado em problemas e infortúnios,
    em lágrimas e lamentações,
    apresentou-se ao Faraó alquebrado pela dor,
    não apenas na aparência, mas também na alma,
    rasgando não apenas as roupas que vestia,
    mas também seu peito voluptuoso.

19. O espetáculo que se apresentava aos olhos era horrendo:
    havia quem batesse no peito de um lado[l], (l) Sb 17,2-21
    e quem gemesse do outro;
    no meio, o Faraó alquebrado,

---

4. Na descrição das pragas do Egito, que se alonga por vários parágrafos, aparece, mais do que em outro lugar, o gosto enfático e um pouco barroco do autor. É um tributo que os autores cristãos, e Melitão mais do que os outros, fazem gosto da retórica asiática da Segunda Sofística, particularmente em auge na Ásia Menor do século II. Quanto ao conteúdo e às imagens, a longa descrição do castigo do Egito depende de Sabedoria 17–19 que deve se considerar como um exemplo de *Haggadá* pascal judaica. Algumas imagens evocam a descrição feita da mesma cena por Fílon, *De vita Mosis*, I, 134 ss.

5. A imagem é tomada do costume dos antigos de rasgarem as vestes como sinal de dor. Aplicada a um país, a imagem se torna decididamente barroca e artificiosa, como muitas outras que se encontram nos parágrafos a seguir.

> sentado sobre pano de saco e cinzas,
> envolto em uma escuridão palpável, como em um manto de luto,
> e o Egito que o cercava à guisa de mortalha.

20. De fato, o Egito se mantinha em volta do Faraó
como uma vestimenta [tecida] de lamentações.
Era a túnica preparada para o corpo do tirano;
com tal manto cobriu o teimoso Faraó o anjo justiceiro:
> amarga desolação,
> espessa escuridão[m]
> perda dos próprios filhos.
Sua mão se estendia sobre os primogênitos,
e a morte dos primogênitos ocorria rápida e implacável.

(m) Ex 10,21

21. Incomum era o troféu que se podia observar
nos mortos caídos de um só golpe[n],
e a derrota dos caídos
tornava-se alimento para a morte.

(n) Sb 18,12

22. Se prestardes atenção, havereis de ficar surpresos diante de inaudita desventura.
> Oprimia de fato os egípcios
> a noite profunda
> e as densas trevas
> e a morte que tateava
> e o anjo que exterminava[o]
> e o Hades que engolia seus primogênitos.

(o) Sl 34,5

23. Mas a coisa mais estranha e aterrorizante deveis ainda ouvir.
Em uma escuridão palpável,
a morte impalpável mantinha-se escondida,
e enquanto os infelizes egípcios se moviam às apalpadelas na escuridão,
a morte, que estava à espreita,
agarrava os primogênitos do Egito,
ao comando do anjo.

24. Se alguém tateasse na escuridão,
encontrava a morte.

Se um primogênito agarrasse um corpo obscuro com sua mão, com o
terror em sua alma
daria um grito de medo e imploraria[p]: (p) Sb 17,6
    Quem está tocando minha mão?
    De quem minha alma tem medo?
    Qual ser tenebroso me envolve todo?
    Se és meu pai, ajuda-me!
    Se és minha mãe, tem compaixão!
    Se és meu irmão, fala-me!
    Se és um amigo, fica comigo!
    Se és um inimigo, afasta-te!
    Eu sou um primogênito!

25. Mas antes que o primogênito terminasse de falar,
o grande silêncio dele se apoderava, dizendo-lhe:
"Primogênito, tu a mim pertences;
eu sou o teu destino, eu, o silêncio da morte!".

26. Então outro primogênito, vendo a captura de seus semelhantes, tentava negar o que era para não se submeter à morte cruel: "Não sou um primogênito; eu fui gerado por terceiro!"
Mas aquela que não podia ser enganada, tomava posse do primogênito, que caía com o rosto por terra e calava-se para sempre. Sob um só golpe, o fruto primogênito dos egípcios perecia. Aquele que havia sido concebido por primeiro, por primeiro dado à luz, desejado, mimado, jazia esmagado no chão, e não só o dos homens, mas também o dos animais sem razão.

27. Pelas planícies do país, ouvia-se o mugido dos animais queixando-se por suas crias: a vaca que teve o bezerro e a égua que teve o potro e assim todos os outros animais que haviam dado à luz e amamentam lamentaram-se com tanta tristeza de sua prole primogênita a ponto de provocar compaixão.

28. Luto e lamentação se elevavam pelo desaparecimento dos homens e pelo dos primogênitos mortos. Dada a quantidade de cadáveres insepultos, todo o Egito estava cheio de fedor.

29. Espetáculo horrendo de se ver! Mães egípcias com cabelos desgrenhados, pais fora de si, soltavam gritos terríveis na língua egípcia: "Infelizes de nós, de repente privados de nosso filho primogênito!". E enquanto isso batiam no peito e tocavam com as mãos os instrumentos em uma dança fúnebre[6].

30. Esta é a praga que atingiu o Egito e em um piscar de olhos o privou de seus filhos.

Israel é salvo

Enquanto isso, Israel era salvaguardado pela imolação da ovelha, batizado[7] como foi em sua totalidade pelo sangue derramado, e a morte da ovelha provou ser um baluarte para o povo.

31. Ó mistério novo e indizível!
A imolação da ovelha tornou-se a salvação de Israel[8],

---

6. Outra nota de folclore antigo: o lamento e os cantos fúnebres, bem como as danças fúnebres com acompanhamento de instrumentos por ocasião de falecimentos. O Evangelho também o menciona no episódio da filha de Jairo (Mt 9,23; Mc 5,38).

7. Literalmente: "foi iluminado (συνεφωτίζετο) pelo sangue derramado". Contudo, é bem provável que aqui Melitão – jogando com a correspondência entre tipo e realidade – dê ao verbo o sentido forte e translato de "ser batizado" que tinha na acepção cristã.

8. Melitão fala neste ponto de uma *soteria* própria da páscoa legal. O judaísmo tinha uma forte consciência do caráter salvífico da própria páscoa (cf. Le Déaut, R., *La nuit pascale*, Roma, 1963, *passim*, e, principalmente, Fueglister, N., *Die Heilsbedeutung des Pascha*, Münster, 1963). O *Targum do Êxodo* (12,42) define a páscoa judaica como "a noite fixada e reservada para a *salvação* de todas as gerações de Israel" (cf. Le Déaut, R., op. cit., 65). Também Melitão e o Anônimo Quartodecimano reconhecem certo valor soteriológico e redentor na páscoa do AT. Entretanto – como Melitão logo em seguida dirá energicamente – essa eficácia salvífica não a tinha a páscoa antiga por si mesma, autonomamente, mas apenas em previsão da páscoa de Cristo: era uma projeção da salvação para trás, realizada pela paixão de Cristo (ver § 35). Menos drástico, o outro homiliasta parece reconhecer certo valor salvífico também nas figuras em si mesmas (cf. *In sanctum Pascha*, 7), aproximando-se

a morte da ovelha tornou-se a vida do povo
e o sangue intimidou o anjo.

32. Responde-me, ó anjo: o que foi que te intimidou,
a matança da ovelha
ou a vida do Senhor?
A morte da ovelha,
ou a figura do Senhor?
O sangue da ovelha
ou o Espírito do Senhor[9]?

33. Está claro o que te assustou: tu viste
o mistério do Senhor realizado na ovelha,
a vida do Senhor na imolação da ovelha,
a figura do Senhor na morte da ovelha,
e por isso não feriste Israel,
mas limitaste em privar o Egito de seus filhos.

---

daquela ideia de Santo Tomás de Aquino (*S. Th.*, III, 61, 3 c) de um "sacramento do Antigo Testamento".

9. *Sangue e espírito*. Na homilia de Melitão essas duas realidades formam um binômio inseparável: cf. § 16: o Egito "não é marcado pelo *sangue*, nem protegido pelo *Espírito*"; § 44: "era preciso o *sangue* da ovelha, mas agora é sem valor por causa do *Espírito* do Senhor"; § 67: "Marcou nossas almas com o selo do próprio *Espírito* e os membros do nosso corpo com o selo do próprio *sangue*". Visto que a mesma aproximação se apresenta na homilia do Anônimo (*In sanctum Pascha*, 7.25.39.67) e em Apolinário de Hierápolis (*Fragmento II*, 149), há razões para pensar que estamos diante de um verdadeiro e próprio *theologoumenon* da catequese dessa época. Às vezes, sangue e espírito são contrapostos como *tipo* (sangue da ovelha) e *realidade* (Espírito de Cristo). Outras vezes, ambos os termos se referem a Cristo (§ 67) e então o Sangue de Cristo é visto como sinal e causa do Espírito dado ao cristão. Todos os sacramentos da iniciação cristã (batismo, unção e eucaristia), mas especialmente a unção, são explicados mediante o auxílio dessas duas realidades do sangue e do Espírito. Uma união íntima como essa dos dois conceitos é fruto em parte também da doutrina estoica que via no sangue o veículo para *Pneuma*. Sangue e Espírito Santo são aproximados um do outro em Hebreus 9,14, mas não parece que seja no mesmo sentido.

34. Que novo mistério é esse?
O Egito golpeado até a destruição,
Israel, em vez disso, preservado para a salvação!
Ouvi em que consiste a eficácia do mistério.

O esboço e a obra de arte

35. O que é narrado e o que aconteceu, ó caríssimos, não tem significado algum, se não [é visto] como parábola e prefiguração. Tudo o que acontece e o que é proferido faz parte de uma parábola:
a parábola é a palavra,
a prefiguração é o acontecimento,
de modo que – tal como o evento que se torna manifesto por meio da prefiguração – também a palavra se torne clara para a parábola[10].

36. É o que se dá no caso de um projeto preliminar. Este não nasce como obra [definitiva], mas em vista daquilo que, mediante a imagem que constitui a figura, deve se tornar manifesto.

---

10. Melitão antecipa aqui a interessante distinção entre *acontecimento* e *palavra* desenvolvida também por JUSTINO, *Diálogo*, 114, 1. Melitão reserva ao primeiro (isto é, aos acontecimentos, aos fatos, às personagens reais) a qualificação de *typoi*, ou seja, de figuras, ao passo que ele usa para a segunda o termo *parabolé*. *Parabolé* indica aqui os *ditos* (τὸ λεγόμενον), em oposição aos *fatos* (τὸ γινόμενον): seu significado, portanto, é o de enunciado que contém um sentido oculto que necessita de interpretação. E, de fato, Melitão dirá que como o tipo tem necessidade de *realização*, assim a parábola tem necessidade de *interpretação* (§ 41: "A figura, portanto, tinha valor antes da realização e a parábola era maravilhosa antes de sua interpretação") (cf. também § 42). O sentido do vocábulo *parábola*, no uso de que aqui faz Melitão, aproxima-se do uso de *profecia*: cf. PSEUDO-BARNABÉ, 6,10: "O profeta pronuncia uma *parábola* que diz respeito ao Senhor" e ainda mais claramente JUSTINO, *Diálogo*, 90, 2: "Tudo quanto *disseram* e *fizeram*, os profetas o velaram sob a forma de *parábolas* (παραβολαί) e de *figuras* (τύποι)". Com essa distinção, o autor começa a apontar tudo o que na Antiga Aliança era *figura* (*typos*) do Cristo, da Igreja e da páscoa e tudo o que tinha valor de *profecia* ou *anúncio* (*parabolé*) do Cristo sofredor (§§ 61-65). O uso tipológico do termo *parabolé* começa com a Epístola aos Hebreus (9,9; 11,19) e é aí usado mais ou menos como sinônimo de *typos*, sendo aplicado ao tabernáculo antigo e a Isaac no que diz respeito a Cristo.

Por essa razão, a propósito da obra que deve ser realizada é feito um modelo de cera ou de barro ou madeira, de modo que o que está prestes a erguer-se majestoso em tamanho, forte em resistência, belo em forma e pomposo em ornamento possa ser visto por meio de um minúsculo esboço destinado a ser destruído.

37. Mas uma vez realizado aquilo para o qual tendia o modelo, o que era então a figura da coisa futura, tendo se tornado inútil, é destruído, tendo já transmitido a sua imagem à realidade que subsiste. Logo, o que antes era preciso torna-se insignificante, diante do surgimento do que é verdadeiramente precioso[11].

38. De fato, há um momento adequado para tudo[q]: (q) Ecl 3,1 ss.
    um tempo próprio para a figura
    e um tempo próprio para a realidade.

---

11. *A Lei como esboço do Evangelho*. Essa imagem teve grande sucesso na catequese antiga: ela foi imitada, entre outros, por Clemente de Alexandria (*De Pascha, Fragm., 33*; GCS, III, 218, 3), Orígenes (*Homil. in Levit.*, X, 1) e – por meio de Orígenes – Proclo de Constantinopla (*Hom. pasch.*, 14; PG, 65, 797 C). Quanto às fontes, parece que Melitão tenha se inspirado em Hebreus 10,1 (por ele lido com uma variante que define a Lei como "sombra e *imagem* (!) das coisas futuras": cf. CANTALAMESSA, R., Il Papiro Chester-Beatty e la tradizione indiretta di Hebr. 10,1, *Aegyptus*, v. 45 (1965) 4-5); mas não se exclui uma dependência de Fílon, que utilizava uma metáfora análoga para descrever a relação entre mundo inteligível e mundo sensível: *De opificio mundi*, 16: "Deus, sabendo antecipadamente que uma bela imitação não poderia nunca ter nascido sem um belo modelo, [...] quando quis fabricar o mundo visível daqui debaixo formou primeiro um mundo inteligível, para que, usando um modelo incorporal o mais semelhante possível a Deus, realizasse o mundo corporal, cópia recente de um mais antigo". Entretanto, diferentemente de Melitão, para Fílon é o modelo, ou seja, aquilo que precede, que tem valor; ao passo que aquilo que é feito tendo por base o modelo é dele uma cópia depreciada. Nisso é possível perceber a radical diferença de perspectiva entre a tipologia bíblica e o princípio platônico do exemplar da cópia. Na tipologia bíblica, o perfeito (o Evangelho) é preparado por um modelo imperfeito e temporário (a Lei). No exemplarismo platônico (cf. *Timeu* 28a-b), perfeito e eterno é o modelo preexistente, ao passo que a imitação (o mundo sensível) é uma pálida cópia sua. A Epístola aos Hebreus com a exegese de Êxodo 25,40 (o tabernáculo celeste, modelo do templo) tenta uma conciliação das duas perspectivas (cf. Hb 8,5).

Tu fazes um modelo com vistas à realização. Ele te é caro porque nele percebes a imagem do que estás prestes a realizar. Preparas o material para o modelo e o desejas pelo que, graças a ele, está por vir à luz. Em seguida fazes a obra: só tens olhos para ela; amas somente a ela, pois nela somente és capaz de ver a figura, a substância e a realidade.

Israel e a Igreja

39. Tal como acontece no caso de espécimes corruptíveis,
assim também com os incorruptíveis;
tanto nos terrenos,
como nos celestes.
De fato, a salvação e a verdade do Senhor foram prenunciadas no povo [eleito] e os preceitos do Evangelho foram preanunciados pela Lei.

40. O povo [eleito] foi, portanto, como um esboço de um plano, e a Lei, uma parábola escrita.
Mas o Evangelho é a explicação da Lei, assim como o seu cumprimento[r],
e a Igreja o receptáculo da verdade[12].

(r) Mt 5,17; Rm 10,4

41. A figura, portanto, tinha valor antes da realização e a parábola era maravilhosa antes de sua interpretação. Em outras palavras: o povo tinha valor antes que a Igreja surgisse e a Lei era maravilhosa antes que o Evangelho brilhasse.

---

12. São Paulo em 1 Timóteo 3,15 define a Igreja como "coluna e fundamento da verdade". Também Ireneu na luta contra os gnósticos chama a Igreja de "depositorium veritatis" (*Adv. Haer.*, III, 4, 1) ou "depositum fidei" (*Adv. Haer.*, III, 24, 1), insistindo principalmente no aspecto da Igreja como garantidora da ortodoxia da doutrina. Em Melitão, esse sentido também está presente, mas predomina o sentido mais abrangente da Igreja como lugar no qual todas as figuras e todas as profecias encontram sua *realização*. É uma definição bastante perfeita da Igreja, que é assim representada como o verdadeiro povo eleito. Portanto, *aletheia* significa aqui mais *realidade* que propriamente *verdade*.

42. Mas desde que a Igreja nasceu
e o Evangelho foi promulgado,
   a figura foi esvaziada
   e transmitiu sua eficácia à verdade.
É assim que se torna vão o modelo,
uma vez que tenha transmitido a imagem ao que é a verdade por essência,
da mesma forma a parábola completa sua tarefa,
uma vez que se tenha clarificado pela interpretação,

43. assim também a Lei chegou ao seu cumprimento[13],
quando apareceu a luz do Evangelho[s],   (s) 2Cor 4,4
e o povo foi esvaziado [de suas prerrogativas],
uma vez fundada a Igreja,
e abolida a figura,
manifestando-se o Senhor[t].   (t) 1Tm 3,16
   O que antes era precioso hoje não tem valor algum,
   porque apareceu o que é realmente precioso.

---

13. Percebe-se ainda nestas afirmações o eco das discussões, tão acesas nos primeiros dois séculos do cristianismo, a propósito do valor da Lei mosaica após a vinda de Cristo. Evidencia-se claramente que a atitude de Melitão para com a Lei inspira-se na declaração de Cristo: "Não vim revogar [a Lei], mas a dar-lhe cumprimento" (Mt 5,17). Ao passo que em relação às figuras em geral, compreendido o cordeiro pascal e o povo eleito, ele usa verbos que indicam fim total (ἐλύθη) e esvaziamento de todo o sentido (ἐκενώθη), para a Lei ele usa constantemente o verbo *cumprir* (ἐπληρώθη). O Evangelho é o cumprimento da Lei, seja positivamente – na medida em que é sua concretização e o selo que a ratifica –, seja negativamente, enquanto a substitui como Lei mais perfeita e definitiva. Explica-se assim como é que a *antítese* entre *Nomos* e *Logos*, ou seja, entre Lei e Evangelho, dos primeiros parágrafos (§ 3 ss.) se torna em um certo momento *síntese*, designação única de Cristo, o qual, enquanto *Logos* constitui também a Lei definitiva (ver acima nota 9, página 35). Escreve Justino: "Cristo nos foi dado como Lei (*Nomos*) eterna e definitiva, Aliança inquebrantável" (*Diálogo*, 11, 2); "Havia sido anunciado que Cristo, Filho de Deus, devia vir como Lei eterna e Nova Aliança para o mundo inteiro" (ibid., 43, 1). Justamente essa nota de universalidade constitui a realização, isto é, a superação da Lei antiga enquanto privilégio de um só povo (cf. § 45: "Não mais em um único lugar [...] mas até os confins da terra").

44. Com efeito, outrora era útil a imolação da ovelha,
    mas agora é inútil por causa da vida do Senhor;
era preciosa a morte da ovelha,
    mas agora é sem valor por causa da salvação do Senhor;
era precioso o sangue da ovelha,
    mas agora é sem valor por causa do Espírito do Senhor;
era precioso o cordeiro que não abre a boca[u],
    mas agora é sem valor por causa do Filho irrepreensível[v];
era precioso o templo terrestre,
    mas agora é sem valor por causa do Cristo celeste;

45. preciosa era a Jerusalém daqui de baixo,
    mas agora é sem valor por causa da Jerusalém do alto[w];
era preciosa a estreita herança[x]
    mas agora é sem valor pela graça sem limites[14].
Porque não mais foi estabelecida em um único lugar, nem em um território estreito a glória de Deus, mas difundiu-se a sua graça até os confins da terra[y]. Aqui, o Deus soberano de todos já fincou sua tenda[z] por meio de Jesus Cristo,
ao qual é a glória pelos séculos. Amém[15].

(u) Is 53,7
(v) 1Pd 1,19
(w) Gl 4,25-26; Hb 12,22; Ap 21,2 ss.
(x) Nm 34,2; 36,2
(y) Ml 1,10-12
(z) Zc 2,14; Jo 1,14; Ap 21,3

---

14. É admirável o equilíbrio – apesar dos apelos da polêmica antijudaica – na atitude de Melitão em relação ao patrimônio do AT. Enquanto confirma com termos claros sua cessação, este é definido como "precioso", "maravilhoso" (§ 41), "útil". A páscoa judaica que é desvalorizada não é, pois, a páscoa do AT, mas a páscoa que sobreviveu ao AT. Desse modo, contra o marcionismo, que contrapunha os dois Testamentos como obra de dois deuses e de duas economias diferentes, Melitão pode enfatizar a *continuidade* do plano divino e a harmonia dos dois Testamentos, ao passo que contra o judaísmo seu contemporâneo afirma a *novidade* trazida por Cristo e, portanto, a inutilidade dos ritos que se tornaram vazios de sentido (*kenotizados*, dirá o autor) com o aparecer da realidade que estavam destinados a preparar. Vê-se claramente que Melitão escreve em um ambiente em que tanto o marcionismo, como o judaísmo eram particularmente presentes e virulentos.

15. Também aqui a doxologia encerra uma parte e assinala a passagem para a parte seguinte. Exaurida a explicação tipológica da páscoa antiga, o homiliasta está prestes a tratar da páscoa cristã.

SEGUNDA PARTE
A PÁSCOA CRISTÃ: A REALIDADE DAS FIGURAS

46. Agora que ouvistes a explicação da figura e seu antítipo, ouvi também a preparação do mistério[1].
O que é páscoa?
O nome é derivado do que aconteceu: com efeito, *celebrar a Páscoa* vem de *padecer*[2].

---

1. É importante compreender o sentido exato da expressão ἡ κατασκευὴ τοῦ μυστηρίου usada neste ponto, pois disso depende a correta interpretação de toda a seção que vai da doxologia do § 45 à do § 65. Mas, por sua vez, o conteúdo desta seção ajuda a descobrir o sentido exato de *kataskeuè*. Os parágrafos seguintes são uma espécie de antecedente da salvação; tratam, com efeito, da *preparação* do mistério de Cristo, isto é, da páscoa: preparação *negativa*, que é o pecado de Adão e de seus descendentes (§§ 47-56) e preparação *positiva*, que são as figuras e as profecias da Paixão de Cristo, que são outras tantas promessas de Deus (§§ 57-65). O sentido a ser dado a *kataskeuè* não é, pois, tanto estático, de *estrutura* do mistério, mas muito mais dinâmico, de *preparação*, de *construção* ou *desenvolvimento*.

2. Melitão é o primeiro, entre as fontes que conhecemos, a propor essa ingênua – mas falsa, naturalmente – explicação etimológica. Um precedente pode ser entrevisto em Fílon (*Quis heres*, 192). A etimologia ingênua se tornou logo bastante comum na catequese pascal dos quartodecimanos e, em seguida, também para o resto da Igreja, a ponto de provocar uma crítica severa por parte de Orígenes: "Se algum dos nossos, encontrando-se com os judeus, dissesse ousadamente que a páscoa se chama assim por motivo da Paixão (*pathos*) do Salvador, fará com que riam por suas costas, como alguém que ignora o significado do nome" (*Fragm., Peri Pascha*, ed. in: *SCh*, 56, Paris, 1953, 35).

47. Aprendei, portanto, quem é aquele que *padece* e quem é aquele que *compadece* com quem padece³,
porque o Senhor desceu sobre a terra⁴,
porque revestiu aquele que sofria
e levou-o consigo para o cimo dos céus.

O pecado do homem

(a) Gn 1,1; 2,4-5
(b) Cl 1,17; Jo 1,3
(c) Gn 2,7
(d) Gn 2,8

48. No princípio criou Deus os céus e a terra e tudo o que neles há ᵃ por obra do Verbo ᵇ; portanto, ele formou o homem da terra e comunicou a ele o próprio hálito ᶜ; colocou-o no paraíso que está no Oriente, isto é, no Éden ᵈ, para que nele vivesse feliz, ordenando-lhe por meio de um preceito explícito o seguinte:

Também o homiliasta Anônimo compartilha com Melitão essa explicação etimológica (ver §§ 34.92 e notas). Para a teologia subjacente à essa definição arcaica de páscoa indico meu estudo *La Pasqua della nostra salvezza*, 158-178.

3. Este tema do homem que *padece* e de Cristo que *com-padece* ocupa um lugar central na teologia de Melitão. Ele a isso retorna no § 66 (cf. nota) e no § 100: "tendo padecido por aquele que padecia...". Na realidade, toda a história da salvação é vista por Melitão – na linha de São Paulo – como uma tensão entre dois polos: o negativo, em que o *pecado do ser humano produz a paixão* (morte, sofrimento), e o positivo, no qual *a paixão de Cristo anula o pecado*. Nisso, a consonância com o Anônimo Quartodecimano é perfeita. De fato, ele escreve que com sua paixão Cristo nos libertou da paixão em que o homem havia incorrido nas origens, ao comer o fruto proibido (§§ 4 e 92). Seria possível dizer que Melitão queira combater, usando a mesma linguagem deles, os gnósticos da *paixão* de Sophia e da *compaixão* do Pleroma: cf. *Extratos de Teódoto*, 30-31 e 45, 2.

4. *Porque o Senhor desceu sobre a terra*: Melitão põe-se explicitamente, mediante estas palavras, a grande pergunta do "Cur Deus homo": o "por quê" da encarnação. A resposta, assim como na obra prima de Santo Anselmo, é de ordem soteriológica: a salvação do ser humano. Mas não faltam acenos a uma perspectiva mais universal que será característica, em seguida, da teologia grega: a divinização de toda a humanidade mediante a assunção da natureza humana na encarnação (ou, a fim de que, "tendo revestido aquele que sofria, o eleve consigo até o cimo dos céus") e a transfiguração de todo o universo criado (cf. *Fragmento VII*, 154: o Cristo "Cabeça da criação" que atravessou todo o universo, da terra ao Hades, iluminando a tudo mediante a sua epifania).

"De toda árvore que está no paraíso, comereis para o vosso alimento; mas da árvore do conhecimento do bem e do mal não comereis, porque no dia em que comerdes, morrereis"[e]. (e) Gn 2,16-17

[48] No entanto, o homem, que por sua natureza é capaz tanto do bem quanto do mal[5], como o torrão de terra que acolhe a boa semente e a semente má, ouviu o conselheiro hostil e ganancioso[f]: estendendo sua mão à árvore, ele transgrediu o preceito e desobedeceu a Deus. E assim foi expulso para este mundo, como em uma prisão de condenados[6]. (f) Gn 3,1 ss.

49. Carregado de descendência e anos, ele voltou à terra por ter provado da árvore. No entanto, uma herança dele permaneceu para

---

5. Essa afirmação enérgica do livre-arbítrio do ser humano se insere no contexto de uma das maiores batalhas combatidas pelo cristianismo desde sua origem. De fato, junto dela estava inseparavelmente ligada a explicação da origem do mal. Mas enquanto os Apologistas querem, com a afirmação do livre-arbítrio do ser humano, combater a doutrina do fado, do *heimarmene*, presente em várias formas em todas as correntes filosóficas gregas (cf. JUSTINO, *I Apol.*, 43, 6; *II Apol.*, 7, 6; TACIANO, *Or.*, 7, 2-3; TEÓFILO, *Ad Autol.*, II, 27), com o advento do gnosticismo a doutrina da liberdade é principalmente dirigida contra o dualismo metafísico que explicava o mal remetendo a Platão, assumindo um princípio intrinsecamente mal, a matéria, e a ideia de que os seres humanos são predestinados desde o nascimento a uma das três categorias: *pneumáticos*, *psíquicos* e *hílicos*. Sob essa luz tratam da liberdade Ireneu (*Adv. Haer.*, IV, 37, 1) e, principalmente, Orígenes, em toda sua obra. Melitão poderia ter tido presentes ambas as posições: a filosófica e a gnóstica, sendo ele, ao mesmo tempo, um apologista e um escritor antignóstico.

6. A ideia de uma "queda" espacial (de cima para baixo) que acompanhou a queda moral do ser humano remonta à concepção da Apocalíptica judaica tardia, que colocava o paraíso terrestre no alto, no terceiro céu (cf. *Enoque* etíope, 8 e também 2Cor 12,2-4). Quanto à imagem do mundo como "prisão" de condenados, esta evoca o dito platônico: "Nós, homens, estamos fechados em uma custódia" (*Fédon*, 62b). Mas os termos são profundamente diferentes: para Platão é o corpo a custódia ou tumba da alma; ao passo que para Melitão (herdeiro da concepção bíblica do ser humano) alma e corpo juntos são os prisioneiros; quando muito, a prisão é o mundo.

seus filhos. Para seus próprios descendentes transmitiu de fato uma herança[7].

(g) Rm 5,12

não a castidade, mas a impudicícia[g],
não a incorruptibilidade, mas a corrupção,
não a honra, mas a desonra,
não a liberdade, mas a escravidão,
não a soberania, mas a tirania,
não a vida, mas a morte,
não a salvação, mas a perdição.

50. A desventura da humanidade na terra era assustadora e inédita. Este era o seu destino. O Pecado tirano[8] agarrava-os e empurrava-os para as torrentes das paixões, nas quais eram inundados por insaciável cupidez:
adultério,
fornicação,
impudência,
cobiça,
sede de ouro,
assassinatos,

---

7. A linguagem de Melitão impressiona pela sua peculiar aproximação à linguagem da teologia do pecado original de época posterior. O conceito de "herança" (κληρονομία) faz aqui sua primeira aparição na tradição cristã para explicar o nexo existente entre o pecado de Adão e o de sua descendência. Esse conceito será retomado por Ireneu: "Assim como pelo nascimento natural herdamos (*hereditavimus*) a morte, assim graças a esta [nova] geração herdamos a vida" (*Adv. Haer.*, V, 1, 3). A humanidade aparece já neste texto de Melitão como uma "massa danada" e a solidariedade com Adão é fortemente acentuada. Entretanto é preciso tomar o cuidado de não forçar os textos. A herança de Adão pode ser explicada como uma herança moral ou de exemplo, sem supor em Melitão a consciência de uma herança de culpa, um "pecado original originado" verdadeiro e próprio, ao qual a teologia não chegará com clareza antes de Agostinho. Cf. GRILLMEIER, A., Das Erbe der Söhne Adams in der Homilia de passione Melito's, *Scholastik*, v. 20-24 (1949) 481-502.

8. Assim como em São Paulo (Rm 5,12 ss.), o Pecado (*Hamartia*) é aqui personificado como o poder do mal. Também a lista dos vícios que se apresenta em seguida (§§ 50-53) se inspira em São Paulo (Rm 1,28-32; 1Cor 6,9-11; Gl 5,19-21). Deve-se notar que muitos dos delitos descritos nos §§ 51-53, parecem aludir veladamente aos célebres mitos da tragédia grega.

sangue,
tirania cruel,
tirania criminosa^h. (h) Rm 1,28-32; 1Cor 6,9-11; Gl 5,19-21

51. O pai portava um punhal contra o filho,
o filho levantava as mãos contra o pai,
o ímpio feria o peito que o havia amamentado,
o irmão matava irmão^i, (i) Gn 4,8; Mt 10,21; Mc 13,12
o hóspede ofendia o hóspede,
o amigo trucidava o amigo,
o homem trucidava o homem com mão de tirano.

52. Sobre a terra todos [haviam se desvirtuado]: havia quem fosse homicida, outro, fratricida, outro, parricida, outro, ainda, infanticida. Mas algo ainda mais monstruoso e inédito foi inventado: uma mãe levantava as mãos contra as carnes que havia gerado, lançava-se sobre as carnes que havia alimentado com seu próprio seio, engolia em suas vísceras o fruto de suas entranhas e a desventura dessa mãe se transformava em um horrendo túmulo, engolindo o filho que carregara no seio.

53. Não tenho coragem de prosseguir! De fato, entre os seres humanos, perpetravam-se muitos outros crimes estranhos, terríveis e privados de toda moderação:
pais no leito da filha^j, (j) Gn 19,31-38
filhos no leito da mãe,
irmãos no leito da irmã,
varões no leito de outros varões^k (k) Rm 1,27
e cada um cobiçava a mulher do seu próximo^l. (l) Jr 5,8

54. Nessa situação, quem se alegrou foi o Pecado, que, como cúmplice da Morte, abria para ela um caminho para as almas das pessoas e, como seu alimento, preparava-lhes os corpos dos mortos. Sobre cada alma o Pecado deixava sua marca e aqueles sobre os quais recaía essa marca eram votados à morte.

55. Toda carne caía sob o pecado,
Todo corpo sob a morte^m, (m) Rm 5,12

        e cada alma era expulsa de sua morada de carne:
        o que havia sido tirado da terra

(n) Gn 3,19   voltava a se desmanchar na terra^n

(o) Ecl 12,7   e o que havia sido dado como dom por Deus^o
        era trancado no Hades
        Era a desagregação da bela harmonia
        E a obra prima do corpo [humano] se dissolvia.

56.   O homem estava de fato dividido pela morte[9]. Uma desventura e uma escravidão inimaginável o mantinham prisioneiro.

        Acorrentado ele era arrastado para debaixo da sombra da

(p) Is 9,2;   morte^p

Lc 1,79   enquanto a imagem do espírito[10] jazia abandonada.

---

9. É uma ideia característica de Melitão a divisão do composto humano em alma e corpo como sendo o principal efeito do pecado. Isso deixa transparecer nele uma profunda absorção da concepção bíblica do ser humano como unidade harmônica e indivisível de alma e corpo, concepção diametralmente oposta à greco-platônica dominante em seu ambiente e que, por sua vez, via na união da alma a um corpo a origem e a essência do mal. Se a separação da alma e do corpo é o efeito mais visível do pecado, coerentemente Melitão tende a apresentar a redenção de Cristo como reunião do composto humano: cf. *Fragm., XIII* (páginas 153 s.). Este devia ser o tema central da obra perdida de Melitão: *Sobre a alma, sobre o corpo e sobre a unidade*. o que se deduz da leitura do *De anima et corpore* de Alexandre de Alexandria (PG, 18, 595): "Cristo, unindo o homem a si, reuniu aquilo que a morte tinha disperso por meio da separação da alma e do corpo". O texto de Eclesiastes 12,7 diz: "o pó volta à terra de onde provém, e que o sopro volte a Deus que o concedeu". Melitão modifica esta última parte dizendo: "o que havia sido dado [a alma] por Deus era encerrado no Hades".

10. Um dos dois papiros traz "a imagem do Pai", o outro, ao invés, diz "a imagem do espírito". Ambas as leituras são possíveis, mas a segunda parece ser preferível. Nesse caso, "a imagem do espírito" indicaria a alma humana e desejaria sublinhar que ela não é um puro espírito, mas um espírito participado, atenuado. Tertuliano a esse propósito escreve comentando Gênesis 2,7: "O homem é imagem de Deus, isto é, do Espírito: Deus, de fato, é Espírito. A *imagem*, pois, *do Espírito* é o sopro" (*Adv. Marcionem* II, 9, 3). O discurso está dirigido contra os gnósticos que identificavam o "hálito de vida" (a *pnoè, spiraculum*) introduzido por Deus no homem (Gn 2,7) com o Espírito puro e simples (*Pneuma*), ou seja, com a natureza divina, fazendo da alma humana

Esta é a razão pela qual o mistério da páscoa foi cumprido no corpo do Senhor[11].

O mistério há muito preparado

57. Entretanto, o Senhor preparava antecipadamente os seus sofrimentos nos patriarcas, nos profetas e em todo o povo, conferindo-lhes assim o selo da Lei e dos Profetas[12]. O que de fato devia um dia acontecer de forma tão inesperada e grandiosa foi predisposto muito tempo antes, de modo que, uma vez realizado, fosse crido como, precisamente, prefigurado já há muito[13].

---

uma partícula da substância divina. Cf. ORBE, A., Imago Spiritus, *Gregorianum*, v. 48 (1967) 792-795.

11. Cristo, realizando em seu corpo o mistério da páscoa, ou seja, a Paixão, devia redimir o corpo do ser humano da dissolução em que havia caído por causa do pecado. É um primeiro anúncio do argumento soteriológico contra o docetismo, que será retomado no § 66: "Mediante seu corpo capaz de sofrer tomou sobre si os sofrimentos daquele que sofria". Cf. também ANÔNIMO QUARTODECIMANO, *In sanctum Pascha*, 89-91.

12. Inicia a exposição das figuras e das profecias da Paixão de Cristo. Sobre esse tema, a primeira geração cristã, encorajada pelo exemplo do Novo Testamento (cf. Lc 18,31 ss.; 24,25-27; 24,44-46; At 17,2 ss. e Mt, *passim*), tinha colocado juntas coleções específicas como o nome de *Testimonia*, a serem utilizadas na polêmica contra os judeus. Uma dessas coleções de testemunhos "da Lei e dos Profetas" foi redigida pelo próprio Melitão: cf. *Fragm.*, III e XV. Podemos ter uma ideia do conteúdo dessas coleções de profecias da paixão lendo PSEUDO-BARNABÉ, *Epistola*, 6, 7; 12, 1 ss.; JUSTINO, *Diálogo*, 86-112; IRENEU, *Demonstração da pregação apostólica*, 67-82; TERTULIANO, *Adv. Judaeos*, 9-13.

13. Essa ideia da necessidade do Antigo Testamento como "Praeparatio evangelica", isto é, como preparação para a fé em Cristo, além de ser contra os judeus, foi se afirmando em razão da urgência contra a heresia marcionita que contrapunha os dois Testamentos como obra de dois diferentes deuses. Tertuliano escreveu contra Marcião: "Este mistério [da Paixão de Cristo] mais do que qualquer outro certamente devia ser preanunciado na pregação [do Antigo Testamento], pois era tão incrível, que teria parecido um escândalo, se tivesse sido anunciado sem preparação alguma" (*Adv. Marcionem* III, 18, 2). Tertuliano dá seguimento com uma lista de figuras do Cristo sofredor (Isaac, José, Moisés etc.) que retoma a lista de Melitão (§ 59), sinal que esta era algo já comum entre os cristãos. Cf. também *Adv. Marcionem* III, 2, 4.

58. Desta forma, o mistério do Senhor foi desde há muito prefigurado e tornado manifesto em nossos dias[14] e, uma vez realizado, encontra fé, embora aos olhos dos homens pareça inaudito.
O mistério do Senhor aparece assim antigo e novo:
antigo de acordo com a prefiguração,
novo segundo a graça.
Mas se olhares para a figura, a realidade se revelará a ti através da realização.

59. Portanto, se queres contemplar o mistério do Senhor, dirige teu olhar

(q) Gn 4,8   a Abel, enquanto morto[q, 15],

(r) Gn 22,9   a Isaac, enquanto amarrado[r, 16],

---

14. Em Melitão há uma forte relevância a ideia do hoje litúrgico da Redenção. O termo *hodie* (σήμερον) do presente texto encontra correspondência no § 43: "O que antes era precioso hoje não tem valor algum". A redenção operada por Cristo em sua Paixão constituiu um tempo forte, um "hoje" perene que a liturgia prolonga pelos séculos até o "amanhã" da *parusia*. É uma consequência da concepção escatológica particular de Melitão que se apoia sobre o "já realizado". Nisso Melitão está na linha de Hebreus 3,13: "encorajai-vos uns aos outros, dia após dia, enquanto durar a proclamação do *hoje*". O *hoje* do qual se fala é aquele que vai da redenção de Cristo até seu retorno.

15. A aproximação entre a morte de Abel e a morte de Cristo tem origem em Hebreus 12,24, passagem em que se fala que o sangue de Cristo tem mais eficácia que o de Abel. A série de figuras do Cristo sofredor dos §§ 59 e 69 foi estudada por PERLER, O., Typologie der Leiden des Herrn, in: *Kyriakon. Festschr., J. Quasten*, v. I, Münster, 1970, 256 ss.

16. *O sacrifício de Isaac (Aqéda)* era um dos temas centrais da teologia pascal do judaísmo no tempo de Cristo. A noite da páscoa evocava não apenas a noite do Êxodo, mas também a noite do sacrifício de Isaac (cf. *Targum do Êxodo* 12,42 in: LE DÉAUT, R., *La nuit pascale*, Roma, 1963, 64-65). Essa aproximação era favorecida pela tradição, acolhida por Melitão (ver *Fragm.*, XI, Apêndices, página 152), segundo a qual a "montanha de Javé" em que Isaac devia ser imolado (Gn 22,2) era o lugar em que mais tarde surgiu o Templo de Jerusalém (2Cr 3,1), o lugar em que era imolado o cordeiro pascal. Daqui a importância que assume, desde os primórdios da catequese pascal cristã, o tema de Isaac como figura do sacrifício de Cristo: cf. PSEUDO-BARNABÉ, *Epistola*, 7, 3 e LERCH, D., *Isaaks Opferung christlich gedeutet*, Tubingen, 1950, 27 ss. (para a tipologia de Isaac nos fragmentos de Melitão). A tradição litúrgica judaica

a José, enquanto vendido[s], (s) Gn 37,28
a Moisés, enquanto exposto[t, 17], (t) Ex 12,3
a Davi enquanto perseguido[u] e (u) 1Rs 19,9
aos profetas que também foram submetidos a sofrimentos
por causa de Cristo.

60. Considera também a ovelha imolada no Egito
que com seu sangue golpeou o Egito e salvou Israel.

61. O mistério do Senhor foi anunciado também mediante a voz dos profetas[18].

De fato, disse Moisés ao povo: "E vereis vossa vida suspensa diante de vossos olhos noite e dia e não crereis em vossa vida"[v, 19]. (v) Dt 28,66

(*Targum*) se detinha de modo especial no detalhe de Isaac *amarrado* pelo pai (Gn 22,9). E será justamente de Cristo amarrado na paixão que Isaac se tornará figura clássica: cf. MELITÃO, *Fragm.*, IX-XI (páginas 151-152); TERTULIANO, *Adv. Marc.* III, 18, 2; *Adv. Judaeos*, 13, 20-21.

17. José, figura de Cristo *vendido*, e Moisés, figura de Cristo *exposto*, encontram-se pela primeira vez neste texto de Melitão. Contudo, para outros aspectos, José é visto como figura de Cristo pelo apócrifo *Testamentos dos XII Patriarcas* (*Test. Zabulon*, 4,4), e por Hipólito de Roma, Tertuliano etc.: cf. MARIÈS, L., Le Messie issu de Lévi chez Hippolyte de Rome, *Rech. Sc. Rg.*, 39 (1951) 381-396. É de se relevar que toda a lista dessas figuras de Cristo sofredor se lê novamente em Melitão, no *Fragmento XV* (páginas 155 s.).

18. Após as *figuras*, Melitão passa a limpo as principais *profecias* do Cristo sofredor. Também estas se atêm fundamentalmente a uma lista de textos do Antigo Testamento que estavam em voga na comunidade cristã primitiva. Com efeito, elas são encontradas, quase que na mesma sucessão, em Ireneu, *Demonstração* 58-82, no *Diálogo com Trifão* de Justino e em Tertuliano. A propósito da distinção que se percebe no texto entre *prefiguração* (§ 57) e *prenúncio*, cf. nota 10, página 44.

19. No contexto do qual se infere (Dt 28,66), este trecho queria dizer simplesmente que a vida dos judeus teria sido insegura em virtude das calamidades, até o ponto de temer dia e noite e de cair em desespero para poder sobreviver. Os primeiros cristãos viram nas palavras "a vida pendurada" uma designação profética de Cristo (vida) crucificado (pendurado), talvez por influência de Deuteronômio 21,23 ("Maldito aquele que é pendurado no madeiro") que São Paulo tinha aplicado a Cristo em Gálatas 3,13. As palavras "não crereis em vossa vida", por sua vez, foram interpretadas como uma profecia

(w) Sl 2,1-2;
At 4,25-28

62. Davi também disse: "Por que as nações se agitam e os povos fazem planos vãos? Levantam-se os reis da terra e os príncipes colocaram-se de acordo contra o Senhor e contra o seu Ungido"[w].

63. E Jeremias: "Sou como um cordeiro inocente conduzido para ser imolado. Decidiram coisas más contra mim, dizendo: Vamos, coloquemos madeira em seu pão, extirpemo-lo da terra dos vivos e que seu nome não seja mais lembrado"[x].

(x) Jr 11,19

64. E Isaías: "Como ovelha foi levado ao matadouro e como cordeiro sem voz diante do tosquiador ele não abre a boca. Sua geração, quem a explicará?"[y].

(y) Is 53,7-8

65. Essas e muitas outras coisas foram anunciadas por vários profetas em torno do mistério da páscoa que é Cristo[20],
ao qual é a glória pelos séculos. Amém.

---

da incredulidade dos judeus. Esse mesmo texto, com a mesma aplicação, se lê também na homilia *In sanctum Pascha*, 93, com poucas diferenças também em Ireneu (*Adv. Haer.*, V, 18, 2), em Tertuliano (*Adv. Judaeos*, 13, 11), em Clemente de Alexandria (*Strom.*, V, 72, 2-3), em Novaciano, em Cipriano etc.: cf. DANIÉLOU, J., *Etudes d'exégèse judéo-chrétienne*, Paris, 1966, 53-75.

20. Essa ousada identificação entre o mistério da páscoa e Cristo foi preparada por 1 Coríntios 5,7, em que Cristo é definido como "a nossa páscoa", isto é, a nossa vítima pascal. Justino tinha escrito: "A páscoa era Cristo" (*Diálogo* III, 3). Melitão dá um notável passo adiante, na medida em que não se limita mais a chamar Cristo de a nova "vítima pascal", mas vê contido em sua pessoa todo o "mistério pascal". A expressão "mistério da páscoa" engloba assim todo o rico conteúdo teológico que São Paulo havia colocado na expressão "mistério de Cristo (Cl 4,3; Ef 3,4). Como em São Paulo (Ef 1,4-12; 3,1-13), também em Melitão esse "mistério" indica todo o plano salvífico de Deus realizado mediante o Cristo.

A realização do mistério: a páscoa da nossa salvação

66. Ele veio do céu sobre a terra em favor daquele que sofria; revestiu-se[21] deste mesmo, no seio da Virgem, e apareceu como um homem; tomou sobre si os sofrimentos daquele que sofria[z] mediante seu corpo capaz de sofrer, mas, mediante seu Espírito, não sujeito à morte, matou a morte que matava o homem[22].

(z) Is 53,4; Mt 8,17; 1Pd 2,21.25

---

21. Como se vê nessa passagem e no § 47, o verbo *revestir* ou *endossar* (ἐνδύεσθαι) é o termo com que Melitão ama designar a encarnação. Por um certo tempo, antes que se firmasse o verbo *encarnar-se* (σαρκοῦσθαι), esse foi o termo predileto para designar a encarnação. Ele pode ser lido na segunda homilia (§ 90) e, ademais, em Clemente de Alexandria, Hipólito e Tertuliano. A Escritura tinha preparado esse uso em todos aqueles textos em que "revestir" era dito num sentido metafórico e, especialmente, em São Paulo, em que se dizia, a propósito do cristão, que no batismo "se reveste o homem novo" que é Cristo (Ef 4,24). Mas há também um componente não bíblico neste uso do termo "revestir", usado pelos pitagóricos para indicar a metempsicose, isto é, o assumir de um novo corpo por parte da alma (ARISTÓTELES, *De anima* A, 3, 407b 20), e por Platão para designar a encarnação da alma em um corpo humano, em uma acepção, portanto, que evocava muito proximamente a acepção cristã. Contudo, o uso de "revestir o homem" para indicar a encarnação não comporta alguma nuança de dualismo ou de docetismo. Este significa um verdadeiro "tornar-se" homem como em João 1,14 e não "tomar a semelhança externa do ser humano". Isso é demonstrado pelo fato de que são justamente os escritores antignósticos que foram os primeiros a usá-lo e com maior frequência.

22. O § 66 contém a síntese de toda a doutrina cristológica de Melitão. Note-se a afirmação da encarnação real (revestir o homem) e das duas naturezas designadas – na linha de Romanos 1,3-4 – com o binômio *corpo-Espírito*. A insistência sobre o nascimento real no seio de Maria está claramente dirigida contra os docetistas. Com efeito, Valentino e Apeles, embora reconhecessem em Cristo certo corpo pneumático, negavam que este tivesse sido assumido no seio e pela carne de Maria, afirmando que ele havia apenas passado por Maria, como por um canal, proveniente da matéria celeste (cf. TERTULIANO, *De carne Christi* 15 ss.; *Adv. Valentinianos* 27, 1). Também Halton (HALTON, TH., Valentinian Echoes in Melito, Peri Pascha?, *J. Theol. St., N. S.*, v. 20 (1969) 535-538), baseando-se em alguns *Extratos de Teódoto* (59, 1; 45, 2; 61, 7), percebe no presente texto uma intenção antivalentiniana. Outro trecho dirigido contra os docetistas é a afirmação de que o corpo do Salvador era necessário para redimir o corpo do homem, segundo o conhecido princípio que ia se

67. Ele, pois, foi conduzido como um cordeiro
e imolado como uma ovelha,
   nos resgatou da vassalagem do mundo
      como da terra do Egito;
   ele nos libertou da escravidão do demônio
      como da mão de Faraó;
   marcou nossas almas
      com o selo do próprio Espírito[a]
   e os membros do nosso corpo
      com o selo do próprio sangue[23].

(a) Ef 1,13; 4,30; 2Cor 1,22

68. Ele é aquele que[24] cobriu de vergonha a morte,
que lançou no luto o diabo,
   como Moisés o Faraó.
Ele é aquele que golpeou a iniquidade,
que privou a injustiça da descendência,
   como Moisés o Faraó.
Ele é aquele que nos fez passar
   da escravidão à liberdade,

---

elaborando nesse período e que encontrará em Orígenes sua formulação definitiva: "o homem não teria se salvado inteiramente [isto é, em alma e corpo] se Cristo não tivesse assumido o homem inteiro" (ORÍGENES, *Diálogo com Heráclides* 7). É o que se lê na homilia do Anônimo (§§ 89-90).

23. Trata-se de alusões claras aos dois ritos de iniciação cristã: o batismo e a unção. O Egito é visto como figura do mundo e o Faraó como a do demônio, príncipe do mundo. As bases desse simbolismo estão presentes em São Paulo, mas Melitão é um dos primeiros a formulá-lo explicitamente. No texto de Melitão, em minha opinião, deve-se perceber também uma alusão à unção pós-batismal, antítipo da unção das portas dos israelitas com o sangue do cordeiro (ver nota 1, página 37 e nota 8, página 52).

24. Começa aqui a linguagem cristológica característica que se estende em seguida quase que até o fim da homilia. Trata-se de um estilo que estava no auge dentro da retórica asiática da segunda Sofística e era empregado já na hinologia em honra de divindades pagãs. É um gênero literário chamado de "aretologia" visto que deseja enumerar todas as virtudes (em grego, *aretai*) e ações feitas pela divindade de quem se celebram os louvores. Por vezes é a própria divindade quem é levada a falar em primeira pessoa ("Eu sou aquele que..."), como faz também Melitão no § 102.

       da escuridão à luz,
       da morte à vida,
       da tirania ao reino eterno,
          fazendo de nós um novo sacerdócio,
          um povo eleito eternamente[25].

69. Ele é a páscoa da nossa salvação[26].
    Ele é aquele que teve que suportar muito na pessoa de muitos.
    Ele é quem foi
        morto na pessoa de Abel[27],
        amarrado em Isaac,
        vendido em José,
        exposto em Moisés,
        imolado no cordeiro,
        perseguido em Davi,
        desprezado nos profetas.

---

25. Neste texto temos uma prova certa de que os primeiros cristãos acolheram em sua catequese pascal elementos já em uso na liturgia pascal do judaísmo. O *Pesachim* conservou um texto atribuído a Rabi Gamaliel no qual a libertação do Êxodo é descrita com as mesmas antíteses usadas por Melitão: "Tirou-nos da escravidão para a liberdade; da tristeza para a alegria; do luto para a festa; das trevas para a luz; da servidão para a redenção" (*Pesachim* X, 5). Um testemunho da difusão que o texto teve entre os cristãos encontra-se em uma homilia grega descoberta há algum tempo, em que isso está repetido ao pé da letra, certamente retomado de Melitão: Cf. LILLA, S., *Byzantion*, v. 38 (1968) 283, 11-14.

26. A expressão se repete no § 103: "Sou eu a páscoa da salvação" e parece ter sido comum na catequese pascal dos quartodecimanos (cf. também EUSÉBIO, *Hist. Eccl.*, V, 23, 1). Isso é muito importante, pois confirma o caráter soteriológico (e, portanto, histórico-comemorativo) da páscoa primitiva da Igreja, contra a tese daqueles que gostariam de reduzir todo o conteúdo ao aspecto escatológico, ou seja, à expectativa da *Parusia* na Vigília Pascal (B. Lohse).

27. Repetição do § 59. Essas repetições, a modo de variações de um tema fixo, são uma das características do estilo de Melitão e tinham, possivelmente, a finalidade prática de imprimir na memória dos fiéis algumas sequências fáceis de reter por seu caráter hinódico e rítmico.

70. Este é aquele
　　　que se encarnou[28] na Virgem,
(b) Gl 3,13　　　que foi pendurado no madeiro[b],
　　　que foi sepultado na terra,
　　　que ressurgiu dos mortos,
　　　que foi elevado às alturas dos céus[29].

(c) Is 53,7　71. Este é o cordeiro sem voz[c].
(d) Is 11,19;　　Este é o cordeiro morto[d].
Ap 5,2　　　Este é o que nasceu de Maria, a boa cordeira[30].
　　　Este é aquele que foi tirado do rebanho,
(e) Is 53,7　　　e para o matadouro arrastado[e],
　　　e ao cair da tarde foi imolado[31]
　　　e à noite enterrado;

---

28. Das fontes que chegaram até nós, este é o testemunho mais antigo do uso do verbo *encarnar-se* (σαρκοῦσθαι) destinado a logo se tornar o termo técnico da linguagem cristológica. Na passagem do uso profano para o uso cristão o vocábulo sofre uma transformação radical: de *encarnação* (σάρκωσις), com o sentido banal de "excrescência na carne" ou "carnosidade", passa a significar o ato do Verbo que assume a natureza humana.

29. Nisto, assim como em outros trechos análogos da homilia (cf. § 104), percebe-se já o esquema embrionário do símbolo apostólico, que justamente nessa época começava a tomar forma sempre mais definida e fixa. Como se pode ver, Melitão – analogamente a quanto faz na doxologia – conhece somente o símbolo de esquema unitário ou cristológico, e não o tripartido, que menciona todas as três Pessoas da Trindade.

30. Esse título tão sugestivo dado à Nossa Senhora encontra-se aqui pela primeira vez e dá ênfase principalmente à virgindade de Maria. Ele foi sugerido pelo paralelismo com o título de cordeiro sem mancha (1Pd 1,19). Também Santo Efrém, o Sírio, parece ter atribuído esse título à Virgem. Ele escreve: "Feliz és tu, donzela, que te tornaste grávida do leãozinho descrito por Jacó! Ele se humilhou e de ti mamou o leite puro pelo qual foi alimentado, tornando-se cordeiro de *cordeirinha virgem*" (*Hinos à Virgem* IX, 3; ed. Lamy, J. TH., *S. Ephraem Syri Hymni et Sermones*, v. II, Mechliniae, 1886, 550). Como título de Maria, *cordeira* foi acolhido pela liturgia bizantina da Sexta-feira Santa: "A Cordeira, ao ver seu Cordeiro imolado, foi transpassada por uma espada". O texto, contudo, não deriva – pelo menos diretamente – de Melitão, mas de Romano, o melodista, *Hino* XXXV, 1 (SCh, 128, 160).

31. A informação segundo a qual Cristo foi imolado "à noite" ou "ao cair da tarde" não corresponde às indicações dos Evangelhos, que colocam sua

aquele que no madeiro não foi quebrado^f,
que na terra não foi dissolvido^g
que dos mortos ressuscitou
e levantou o homem das profundezas da sepultura.

(f) Ex 12,46;
Jo 19,33.36
(g) At 2,27.31

Israel rejeitou a seu Deus

72. Então ele é condenado à morte.
   E onde é posto à morte?
   No meio de Jerusalém.
   E por qual motivo?
   Pois ele havia curado seus coxos,
   tinha curado seus leprosos,
   havia restaurado a visão aos seus cegos
   e tinha ressuscitado os seus mortos^h.
   Eis por que sofreu.
   Não está escrito na Lei e nos Profetas: "Retribuíram-me pelo bem o mal e fizeram a minha vida sem descendência"^i; "eles tramaram maus desígnios contra mim, dizendo: Amarremos o justo, porque nos é contrário"^j?

(h) Mt 11,5;
Lc 7,22

(i) Sl 34,12;
37,21

(j) Is 3,10;
Jr 11,19

73. Como pudeste, ó Israel, cometer um crime tão inaudito?
   Desonraste quem te havia honrado³²;

---

morte em torno da hora nona, ou seja, entre o meio-dia e as três da tarde (Mt 27,46). Trata-se de uma tradição própria dos quartodecimanos destinada a fazer coincidir a hora exata da morte de Cristo com a da imolação do cordeiro pascal no Templo de Jerusalém que, segundo Êxodo 12,6 ocorria "ao cair da tarde". A afirmação é repetida pelo Anônimo Quartodecimano (*In sanctum Pascha*, 53) e por Ireneu (*Adv. Haer.*, IV, 10, 1) que fixam, ambos, o momento como sendo "ao pôr do sol". Essa tradição supõe a cronologia joanina da paixão (morte de Cristo na tarde de 14 de Nisan) e enfatiza a ideia de que a morte de Cristo assinala o final da páscoa legal e a inauguração da nova páscoa.

32. Começa a repreensão contra Israel. Neste e nos parágrafos sucessivos se entrevê claramente o embrião do gênero litúrgico que será designado sob o nome de "Improperia", em uso na liturgia da Sexta-feira Santa, que o Ocidente herdou da liturgia grega posterior. Entre Melitão e a forma atual, o elo está dado por um texto de Astério, o Sofista (século IV): *Homilia XXVIII*

desprezaste quem te havia glorificado;
negaste quem te havia reconhecido;
baniste quem te havia anunciado [o Evangelho];
mataste quem te vivificara.
O que fizeste, ó Israel?

74. Não é para ti que está escrito: "Não derramareis sangue inocente, se não quiserdes perecer miseravelmente"[k]?

(k) Jr 7,6; 22,3

Israel diz: "Fui eu que matei o Senhor. Quereis saber o porquê? Porque era necessário que ele padecesse"[l]. Mas erras, ó Israel, quando tentas justificar com tais sofismas a morte do Senhor.

(l) Lc 24,26

75. É certo que deveria sofrer,
    mas não por ti;
que seria desonrado,
    mas não por ti;
que seria crucificado,
    mas não pela tua mão.

76. Eis, em vez disso, ó Israel, o que deverias ter clamado a Deus: "Ó Senhor, se é necessário que o teu Filho padeça e se esta é a tua vontade[m],

(m) Mt 26,42 par.

que ele sofra, mas não de mim,
preferível é que sofra da parte de estranhos;
que seja julgado pelos incircuncisos;
que seja pregado pela mão de um tirano,
mas nunca de minha parte!".

77. Mas certamente não é isto que tu, Israel, clamaste a Deus; não tiveste nenhum temor religioso diante de teu Soberano, nenhum acanhamento por suas obras.

---

in Ps. XV, 5-7 (ed. RICHARD, M., *Asterii Sophistae quae supersunt omnia*, Oslo, 1965, 225-226). Trata-se de um gênero literário herdado do AT, o processo sacro (o *rîb*) com o qual Deus é introduzido no ato de repreender seu povo pela infidelidade. Particularmente importante no que diz respeito a isso é a influência de Deuteronômio 32 (o cântico de Moisés), Miqueias (Mq 6,3-4) e de dois longos Salmos, o 77 e o 105, que apresentam a história do povo eleito como contraposição dos benefícios do Senhor e da ingratidão de Israel. Cf. também o discurso de Estêvão em Atos dos Apóstolos 7,1 ss. Particularmente afim a Melitão é o início do IV livro de Esdras (*IV Esdras* 1,6-27).

78. Não te incutiu temor
   a mão seca restituída curada ao corpo[n],
   nem os olhos dos cegos abertos por sua mão[o],
   nem os corpos paralisados consolidados por sua voz[p].
   Não te incutiu temor o prodígio ainda mais extraordinário de um morto já há quatro dias chamado para fora da sepultura[q].

79. Mas tu, pondo de lado estas considerações, te apressaste[33] em matar o teu Senhor, preparando para ele
   cravos afiados
   e falsas testemunhas,
   cordas e flagelos,
   vinagre e fel,
   espada e aflição,
   como para um ladrão assassino.
   De fato, depois que aplicaste os flagelos em seu corpo e espinhos em sua cabeça, amarraste também suas belas mãos – aquelas mãos que te tinham formado da terra[34] –, e sua doce boca, que te havia dado de beber a vida, dessedentaste-a com fel.
   Mataste teu Senhor durante a grande festa[35]!

(n) Mt 12,9-13 par.
(o) Mt 9,27-31
(p) Lc 5,18-26 par.

(q) Jo 11,1-44

---

33. O texto grego (que neste ponto é conservado apenas pelo papiro Bodmer) traz a leitura "à tarde" (ἑσπέρας) como no § 71. Mas, em vez disso, a versão latina traz "te apressaste" (*properasti*), que, pelo contexto, indica ser uma leitura muito melhor. O erro do copista grego poderia ter sido provocado pela troca de ἔσπευσας (= *properasti*) com ἑσπέρας (= de tarde, à tarde).

34. Aflora veladamente aqui um conceito teológico muito caro aos autores do século II: Deus cria o mundo por meio de uma ordem. O homem, pelo contrário, Deus o faz com suas mãos a partir da terra e sopra nele um sopro da própria vida (cf. § 47). Sabe-se, contudo, que para esses autores é o Verbo o instrumento da criação, aquele que diretamente dá origem ao cosmos e em seguida serve constantemente como mediador entre Deus e o próprio cosmos. A isso faz alusão Melitão indicando as mãos de Cristo como as mãos que no início haviam modelado o homem. Segundo uma tradição da teologia asiática, testemunhada por Ireneu, "as duas mãos" são o Verbo e o Espírito Santo: "Por meio das mãos do Pai, ou seja, por obra do Filho e do Espírito Santo, o homem foi criado à semelhança de Deus" (IRENEU, *Adv. Haer.*, V, 6, 1). Assim como o homiliasta Anônimo, Melitão representa uma fase mais arcaica do desenvolvimento do dogma Trinitário: o Espírito Santo não é por eles nomeado nunca como terceira Pessoa da Trindade; mas designa, em sua acepção mais forte, a natureza divina de Cristo e o carisma conferido pelo batismo (ver § 66).

35. Essa frase é uma espécie de refrão lúgubre em toda esta seção da homilia: ela é repetida nos §§ 92 e 93. A afirmação que Cristo foi "morto du-

80. Tu te banqueteavas,
    ele, por sua vez, sofria de fome;
tu bebias vinho e comias pão,
    ele, por sua vez, vinagre e fel[36];
tu estavas com o rosto radiante,
    ele, por sua vez, tinha uma expressão triste;
tu estavas na alegria,
    mas ele, por sua vez, estava na aflição;
tu fazias ressoar cânticos,
    e ele, por sua vez, era condenado;
tu davas ordens,
    e enquanto isso ele era pregado;
tu dançavas,
    e ele era sepultado;
tu estavas reclinado em uma cama macia,
    e ele na sepultura e túmulo.

---

rante a grande festa" não significa que Melitão aceite a cronologia sinótica segundo a qual Cristo morreu no dia da páscoa, no dia 15 de Nisan. Melitão – como todos os quartodecimanos tradicionais – segue a cronologia que coloca a morte de Cristo no "dia de preparação da páscoa" (Jo 19,14), ou seja, em 14 de Nisan. Sua afirmação de que Cristo morreu "durante a grande festa" se explica levando em consideração que, no tempo do Novo Testamento, *Pascha* designava normalmente todo o período de sete dias dos Ázimos (Mt 26,2; Lc 2,41; Jo 2,13 etc.; FLÁVIO JOSEFO, *Antiq.*, 14, 21: "durante o tempo da festa dos ázimos, que chamamos páscoa") e desses dias o 14 de Nisan era considerado o início, o primeiro dia (Mt 26,17): cf. CANTALAMESSA, R., *L'Omelia "In s. Pascha"*, 79-90 e nota.

36. Em nenhum texto do Evangelho se diz que Jesus tenha bebido "vinagre e fel". Mateus fala de "vinho misturado com fel" (Mt 27,34) e todos os evangelistas mencionam o fato do soldado que oferece a Jesus uma esponja embebida com vinagre (Mt 27,48; Mc 15,36; Lc 23,36; Jo 19,30). Em todo caso, no Evangelho a bebida não tem características de tortura infligida a Jesus pelos judeus. A tradição muito difusa segundo a qual a Cristo foi dado de beber vinagre e fel (ver também o ANÔNIMO QUARTODECIMANO, *In sanctum Pascha*, 22; PSEUDO-BARNABÉ, *Epistola* 7, 3, 5; IRENEU, *Demonstração*, 82 etc.) é devida ao uso do Salmo 68,22 ("Deram-me por alimento o fel, em minha sede dão-me vinagre para beber"), como se se tratasse de uma profecia da Paixão de Cristo.

Quem é aquele que foi posto à morte

81. Ó, iníquo Israel, por que cometeste essa injustiça inaudita[37]? Entregar teu Senhor a sofrimentos inacreditáveis,
    o teu Soberano que te moldou,
        que te criou,
        que te honrou,
        que te chamou de Israel[r]! (r) Gn 32,31

82. Não mantiveste o nome de Israel:
    porque não viste a Deus[38];
    não reconheceste o Senhor;
    tu não entendeste, ó Israel, que ele é o Primogênito de Deus[s], (s) Cl 1,15; Hb 1,6
        aquele que foi gerado antes da estrela da manhã[39],
        que fez surgir a luz,

---

37. Os §§ 81-86 contêm uma das sínteses teológicas mais densas e mais lineares de toda a homilia. Toda a história da salvação é revisada, etapa por etapa, da geração eterna do Verbo à paixão redentora, para ressaltar "quem é aquele que foi posto à morte", isto é, a pessoa de Cristo. Em primeiro lugar traça-se a *relação de Cristo com o Pai* (§ 82: "Primogênito de Deus, gerado antes da estrela da manhã"), em seguida a *relação de Cristo no que diz respeito à criação*, da criação da luz à criação do homem (§§ 82-83); segue a *relação de Cristo com toda a humanidade* (§ 83: de Adão a Abraão) *e em particular com o povo eleito* (§§ 83-84). Todo o longo itinerário de preparação culmina com a *encarnação* (§ 86: "E ele veio a ti") e com a *paixão* (§ 86: "E ele, que tu mataste"). Fundamentalmente é o esquema do hino de Colossenses 1,15-20. Não é difícil perceber também um parentesco espiritual com o Prólogo de João, com o qual possui em comum a ideia que anima todo o trecho e dele constitui a triste conclusão: "Israel não reconheceu o seu Senhor"; "Veio entre os seus – diz João – mas não o reconheceram" (Jo 1,11).

38. Literalmente: "Tu não foste encontrado 'Israel' porque não viste Deus". Não tendo reconhecido Cristo como Deus, Israel não é mais Israel, ou seja, "aquele que viu Deus" (cf. Gn 32,31). A etimologia foi acolhida por Fílon e por muitos autores cristãos antigos.

39. Este e os títulos seguintes dissipam todas as dúvidas em relação a um monarquianismo na cristologia de Melitão. Ele professa abertamente a distinção do Verbo do Pai, baseando-a – assim como JUSTINO, *II Apo.*, 6; *Diálogo* 61, 1 – na geração. Seguindo o exemplo de Hebreus 1,13 e 10,13 a frase "ante luciferum genitus" inferida do Salmo 109,3 ("ex utero ante luciferum

(t) Is 51,10;
Pr 8,28

que fez o dia brilhar,
que separou as trevas,
que lançou os alicerces,
que suspendeu a terra,
que esvaziou o abismo^t,
que desdobrou o firmamento,
que ordenou o cosmos,
que dispôs os astros no céu,
que fez brilhar as estrelas,
que criou os anjos do céu,
que nele estabeleceu tronos
e que formou o homem da terra.

83. É ele quem te elegeu,
    quem te serviu como guia;
        de Adão a Noé,
        de Noé a Abraão,
        de Abraão a Isaac, Jacó e os doze patriarcas.

84. É ele quem te guiou ao Egito[40]
    que mesmo ali te cercou com sua proteção e te alimentou.

---

genui te") se tornou um dos títulos prediletos de Cristo. O Anônimo Quartodecimano usa-o por três vezes (cf. *In sanctum Pascha*, 2.9.81).

40. Toda a economia do AT e as intervenções de Deus nele narradas são atribuídas ao próprio Verbo. Essa doutrina comum nos escritores dos primeiros três séculos teve diversos usos, conforme os destinatários ou os interlocutores a quem foram dirigidas. Quando – como é nosso contexto – está dirigida contra o judaísmo, quer demonstrar, tendo por base o exemplo do próprio Cristo (cf. Jo 5,39), que todo o AT está cheio de Cristo e dele é "demonstração". Na apologética dirigida aos pagãos e contra o gnosticismo, a mesma doutrina servia para salvaguardar a absoluta transcendência do Pai – exigência aguda da filosofia religiosa do período –, atribuindo ao Verbo todas as relações com o cosmos e com os homens (texto clássico: TERTULIANO, *Adv. Marcionem* II, 27, 6: O Pai é "o deus dos filósofos"; o Verbo é aquele que toma sobre si as coisas "indignas" do Deus supremo; aquele que é ouvido, visto e que sempre conversou com os homens). Após Melitão, essa mesma doutrina das "teofanias do Verbo" serviu contra a heresia modalista para demonstrar a distinção pessoal do Filho em relação ao Pai (cf. TERTULIANO, *Adv. Praxean*, 16).

      É ele quem te iluminou através da coluna de fogo,
          que te protegeu no abrigo da nuvem[u],   (u) Ex 13,21
          que dividiu o Mar Vermelho[v],   (v) Ex 14–15
          que te levou para além dele
          e que destruiu o teu inimigo.

85.   É ele quem te deu o maná do céu[w]   (w) Ex 16,4-35
          que saciou tua sede a partir da rocha[x],   (x) Ex 17,4-7
          que no Horeb te deu a Lei[y],   (y) Ex 19–24
          que te fez herdeiro da terra [prometida][z],   (z) Jz 1,1 ss.
          que te enviou os profetas,
          que suscitou reis para ti[a].   (a) 1Rs 1,1 ss.

86.   Eis quem veio a ti,
          que curou teus doentes
          e que ressuscitou teus mortos.
      É contra ele que cometeste a impiedade;
          contra ele cometeste a injustiça;
          foi a ele que tu mataste;
          ele que tu vendeste,
              depois de ter exigido dele uma didracma como tributo[b].   (b) Mt 17,24-27

Reprimenda contra Israel

87.   Israel ingrato! Vem para a frente, deixa-me julgar-te por tua ingratidão.
          A que preço estimaste ter sido guiado por ele?
          A que preço estimaste a eleição de teus pais?
          A que preço estimaste a descida ao Egito
          e o alimento que ali encontraste graças ao bom José?

88.   A que preço estimaste as dez pragas?
          A que preço estimaste a coluna de fogo à noite?
              e a nuvem durante o dia?
              e a passagem pelo Mar Vermelho?
          A que preço estimaste o dom do maná vindo do céu?
              e da água que saiu da rocha?
              e a promulgação da Lei no Horeb?

e a herança da terra
com todos os benefícios nela recebidos?

89. A que preço estimaste os sofredores que ele curou durante sua permanência?

(c) Mt 12,13

Avalia-me a mão seca que ele restituiu ao corpo^c.

[90] Avalia-me o cego de nascença,

(d) Jo 9,1 ss.

a quem, com sua palavra, restaurou a visão^d.

Avalia-me aquele que jazia morto,

(e) Jo 11,1 ss.

e que ele ressuscitou da sepultura quando estava no quarto dia^e.

90. Inestimáveis são os seus benefícios a teu favor!
Mas tu, traiçoeiramente, o pagaste com ingratidão:
Deste-lhe o mal pelo bem,
a dor pela alegria,
a morte pela vida.

91. Tu deverias estar disposto até mesmo a morrer por ele. De fato, quando o soberano de um povo é capturado pelos inimigos,
por causa dele a guerra é declarada,
por causa dele se assaltam as muralhas,
por causa dele se saqueiam as cidades,
por causa dele resgates são enviados,
para causa dele embaixadores são enviados,
para que ele seja resgatado,
para que seja devolvido, se estiver vivo,
ou para que seja enterrado, se estiver morto.

92. Tu, ao contrário, votaste contra o teu Senhor.

(f) Mt 2,11; 15,25

Pois aquele a quem os gentios adoravam^f,
a quem os incircuncisos admiravam,

(g) Jo 12,20; Mt 8,5-13

a quem os estrangeiros glorificavam^g,
e pelo qual até Pilatos lavou as mãos[41],
tu o mataste durante a grande festa.

---

41. Há neste parágrafo alusões a episódios evangélicos, como o da adoração dos magos, do centurião romano, da mulher cananeia e dos gentios que pedem para ver Jesus (Jo 12,20-22). É bem significativa a tentativa – sugerida

93. Por isso, a festa dos ázimos é amarga para ti, como está escrito:
"Comereis os ázimos com ervas amargas"ʰ.   (h) Ex 12,8
Amargos para ti, os cravos que aguçaste,
amarga para ti, a língua que afiaste,
amargas para ti, as falsas testemunhas que contrataste,
amargos para ti, os laços que preparaste,
amargos, os flagelos que entrelaçastes,
amargo para ti, Judas a que compraste,
amargo para ti, Herodes, a quem seguiste,
amargo para ti, Caifás em quem creste,
amargo para ti, o fel que preparaste,
amargo para ti, o vinagre que produziste,
amargos para ti, os espinhos que juntaste,
amargas para ti, as mãos que amarraste.
Mataste o teu Senhor em meio a Jerusalém!

Os pagãos como testemunhas

94. Ouvi, todas vós, estirpes das nações, e vede!
Um crime inacreditável foi perpetrado em Jerusalém,
na cidade da Lei,
na cidade dos judeus,
na cidade dos profetas,
na cidade que se julgava justa.
E quem é o morto? Quem é o assassino?
Tenho horror em dizê-lo, mas sou forçado a falar.
Se o assassinato tivesse ocorrido pelo menos à noite,
ou tivesse sido morto em um lugar deserto,
até teria sido possível ficar calado.
Em vez disso, no centro da praça e da cidade,
em plena luz do dia e à vista de todos,
teve lugar a morte injusta do Justo.

---

pela polêmica antijudaica – de livrar Pilatos de toda a culpa, interpretando como uma declaração da inocência de Cristo seu gesto de lavar as mãos: cf. PERLER, O., *Revue Biblique*, v. 71 (1964) 585-586. O tema entra indiretamente na concepção de fundo da homilia sobre a rejeição de Israel e a eleição dos gentios.

^{(i) Jo 3,14; 8,28; 12,32.34}
^{(j) Jo 19,19; Mc 15,26}

95. Assim ele foi levantado sobre o madeiroⁱ
e um título foi colocado para indicar quem é morto^j.
Quem é ele?
É duro dizê-lo, mas é ainda mais assustador o calar-se.
Ouvi, pois, com tremor, aquilo pelo qual também a terra tremeu^k.

^{(k) Mt 27,51}

96. Aquele que suspendeu a terra está suspenso,
aquele que estabeleceu os céus está pregado,
aquele que consolidou o universo está fixado no madeiro.
O Soberano é ultrajado,
Deus é assassinado[42],
o rei de Israel é rejeitado
pela mão de Israel!

97. Ó crime horrendo, ó injustiça inaudita!
O Soberano é tornado irreconhecível,
nu em seu corpo, sem sequer ser considerado digno
de um trapo para se cingir a fim de não ficar exposto aos olhares.
É por isso que os luminares desviaram o olhar
e o dia escureceu com eles^l
para esconder aquele que estava nu sobre a cruz,
para obscurecer não tanto o corpo do Senhor,
mas os olhos dos homens.

^{(l) Mc 15,33}

98. Pois como o povo não tremeu,
foi a terra que se pôs a tremer.

---

42. Este é um dos exemplos mais ousados de aplicação do princípio teológico da "comunicação dos idiomas" na literatura cristológica primitiva. Um autor posterior nos informa que os heréticos teopasquistas usavam esta frase em favor da própria doutrina deles (ANASTÁCIO SINAÍTA, *Viae dux*, 12: PG, 89, 197 A). Mas a frase, entendida corretamente (Deus – enquanto ser humano – foi assassinado), é perfeitamente ortodoxa e bíblica. Em época moderna essa frase fez com que Melitão merecesse a qualificação de "primeiro poeta do deicídio" de Israel (WERNER, E., Melito of Sardis, the first poet of Deicide, *Hebrew Union Coll. Annual*, v. 37 (1966) 191-210).

Porque o povo não teve medo,
   foram os céus que ficaram assustados.
Porque o povo não rasgou suas vestes,
   foi o anjo quem rasgou suas vestes⁴³.
Visto que o povo não gemeu,
   foi "o Senhor que trovejou do céu,
   e o Altíssimo fez ouvir a sua voz"ᵐ. (m) Sl 18,14; Jo 12,28

99. Por isso, ó Israel,
   não tendo tremido diante do Senhor,
      <tremeste quando atacado pelos inimigos>⁴⁴;
   não tendo tido medo diante do Senhor,

   visto que não elevaste lamentos pelo Senhor,
      elevaste lamentos por teus primogênitos;
   porque não rasgaste tuas vestes diante da crucificação do Senhor,
      rasgaste-as diante da morte dos teus.
   Tu abandonaste o Senhor:
      não foste encontrado por ele;

---

43. O anjo ao qual Melitão faz referência, ausente no relato dos Evangelhos, é o anjo que, segundo uma antiga tradição, morava no Templo. O rasgar-se do véu do Templo é aqui interpretado como um rasgar das vestes pela dor experimentada pelo anjo, no momento de abandonar os judeus para passar para os gentios. Vários textos que documentam essa tradição foram reunidos por BONNER, C., *The Homily on the Passion*, London, 1940, 41-45. Trata-se de uma enésima variação do tema da rejeição de Israel e da eleição dos gentios.

44. O texto deste parágrafo parece ter sofrido algumas omissões na transmissão do texto grego. HALL, S. G., The Melito Papyri, *J. Th. St., N. S.*, v. 19 (1968) 499-502, propôs completar o texto com a adição de três *kola* para reconstruir a simetria do trecho. Aceitei na minha tradução somente a primeira das três frases (indicada pelos sinais < >), pois pode ser lida na versão latina ("impugnatus ab hostibus contremuisti"); ao passo que não considerei oportuno aceitar as outras duas que, quanto ao conteúdo, baseiam-se apenas em uma conjectura. Contudo, indiquei o lugar das prováveis lacunas com uma série de pontos. O conteúdo das duas frases reconstruídas por Hall é o seguinte: "Tiveste que temer aqueles que te assediavam", e "não tiveste piedade do Senhor".

não encontraste piedade junto dele;
humilhaste o Senhor:
   foste esmagado ao chão.
Agora jazes morto;
   enquanto ele ressuscitou dos mortos
   e subiu às alturas dos céus.

EPÍLOGO

A apoteose do Redentor

100. O Senhor, tendo se revestido do homem,
tendo padecido por aquele que padecia
e tendo sido amarrado por aquele que estava acorrentado
e julgado por aquele que estava condenado
e sepultado para aquele que jazia na sepultura,

101. ressuscitou dos mortos e fez ouvir sua voz gritando:
Quem quer entrar em juízo contra mim?
Que venha para a frente[a]! (a) Is 50,8
    Sou eu quem libertou o condenado[1];
    sou eu quem deu vida ao morto;
    sou eu quem ressuscitou aquele que foi sepultado.

102. Quem é meu oponente?
    Sou eu – diz – o Cristo.
    Eu sou quem destruiu a morte,
        quem triunfou sobre o inimigo,
        quem pisoteou o Hades,

---

1. Esta linguagem na primeira pessoa de Cristo evoca os numerosos "ego eimi" (Sou eu) do quarto Evangelho que, a partir do § 103, assumem um valor predicativo ou nominal ("Eu sou a vossa remissão. Eu sou a vossa páscoa") e se inspiram em declarações análogas de Cristo ("Eu sou a Luz. Eu sou a Verdade etc."). Para o componente estilístico e retórico desta linguagem particular, cf. nota 24, página 60.

(b) Mc 3,27 par.

        quem amarrou o forte[b, 2],
        quem levou o homem para as alturas dos céus[3].
        Eu sou – diz – o Cristo.

103. Vamos, então, vinde vós, todas as raças humanas[4],
        vós que estais imersas nos pecados.
        Recebei a remissão dos pecados.
        Sou eu, pois, a vossa remissão;
        sou eu a páscoa da salvação[5];

(c) Jo 1,29
(d) Mt 20,28; Mc 10,45
(e) Jo 11,25
(f) Jo 8,12
(g) At 4,12

        eu, o Cordeiro imolado por vós[c],
        eu, o vosso resgate[d],
        eu, a vossa vida[e],
        eu, a vossa luz[f],
        eu, a vossa salvação[g],

---

2. Em poucos traços nos é oferecida uma representação dramática da descida aos infernos. No trecho parece existir um eco da *Tradição Apostólica* de Hipólito: "Oferecendo-se livremente à sua paixão, a fim de destruir a morte, quebrar as cadeias do demônio, pisar o Hades…" (*Trad. Apost.*, 4, ed. B. Botte, 14). A descida aos infernos – como se vê a partir da frase imediatamente sucessiva do texto – está intimamente ligada à ressurreição. É um traço que se tornará característico na liturgia e na iconografia bizantinas. Ver a descrição análoga no ANÔNIMO QUARTODECIMANO, *In sanctum Pascha*, 111 e na descrição do Pseudo-Epifânio (Apêndices, página 161).

3. O homem que Cristo leva para as alturas dos céus é sua humanidade pessoal, mas também toda a humanidade redimida, que na humanidade do Verbo tem a garantia e as primícias da própria ascensão ao céu. Os dois níveis, individual e coletivo, aparecem de tal modo fusos entre si que se torna difícil decidir qual dos dois prevalece. A mesma posição encontra-se no ANÔNIMO QUARTODECIMANO, *In sanctum Pascha*, 114-116 e em Ireneu, que escreve: "Ele tornou manifesta sua ressurreição, tornando-se ele mesmo primogênito dos mortos e elevando em si mesmo o homem caído por terra, elevando-o para o alto, nas partes superiores do céu, à direita da glória do Pai" (*Demonstração*, 38).

4. Com a morte de Cristo, todas os povos adquiriram o direito de fazer parte do Reino, antes restrito aos judeus. Por isso a homilia se prepara para a conclusão com uma exortação universal para entrar na Igreja e receber o batismo. É essa a parte mais rica de conteúdos bíblicos e a mais lírica da obra.

5. Para essa expressão cf. a nota 26, página 61.

eu sua ressurreição[h], (h) Jo 11,25
eu, o vosso Rei[i]. (i) Jo 18,37;
Eu vos conduzo às alturas do céu. 19,14;
Eu vos mostrarei o Pai eterno. Mt 27,11 par.
Eu vos ressuscitarei com a minha direita.

104. Este é aquele que fez o céu e a terra,
 que no início moldou o homem,
 que foi anunciado na Lei e nos Profetas,
 na Virgem encarnado,
 sobre um madeiro foi pregado,
 na terra sepultado,
 e dos mortos ressuscitado,
 subiu às alturas do céu,
 senta-se à direita do Pai[j] (j) At 2,33; 7,55;
 e tem poder para julgar e salvar todas as coisas[k]; Ef 1,20
 ele, por meio de quem o Pai sempre operou desde a origem (k) Jo 5,22.27-29
 e por todos os séculos[6].

105. Ele é o Alfa e o Ômega[l] (l) Ap 1,8; 21,6
 Ele é o princípio e o fim[m]; (m) Ap 21,6
  princípio inenarrável e fim incompreensível.
 Ele é o Cristo.
 Ele é o Rei.
 Ele é Jesus:
  o estratego,
  o Senhor,
  aquele que ressuscitou dos mortos,
  aquele que está sentado à direita do Pai.
 Ele conduz ao Pai e é conduzido pelo Pai[n]: (n) Jo 10,30.38

---

6. É de se notar essa afirmação explícita que conclui este terceiro e último esboço do mistério de Cristo e da história da salvação (após os §§ 66-71 e 81-86): Cristo é aquele por meio do qual o Pai sempre realizou suas intervenções na história da humanidade desde a origem e por todos os séculos, ou seja, até o ato final da *Parusia*. O arcabouço do texto é dado pelo esquema do símbolo cristológico, como no § 70, com um acréscimo, a menção do sentar-se à direita do Pai e do Juízo.

A ele a glória e o poder pelos séculos. Amém.
Paz àquele que escreveu
e a quem lê
e àqueles que amam o Senhor na simplicidade de coração[7].

---

7. Este belo desejo final é devido à mão do copista que escreveu o texto do papiro Bodmer no início do século IV.

Anônimo Quartodecimano
(Pseudo-Hipólito)

SOBRE A SANTA PÁSCOA

PREGÃO PASCAL

Lumen Christi

[1]   1. Eis que brilham já os sacros raios da luz de Cristo[1],
Alvorecem as puras luzes dos Espírito puro
e se abrem de par em par os tesouros celestes da glória e da divindade;
     A noite imensa e escura foi tragada;
     a treva densa, nele foi dissipada
     e a triste sombra da morte foi coberta por trevas.

2.   A vida se difundiu por todas as coisas;
tudo está cheio de luz indefectível
e uma perene aurora ocupa o universo.
     Aquele que existe antes da estrela da manhã[a] e dos astros,   (a) Sl 110,3
     Cristo, o imortal, o grandioso, o imenso,
     brilha sobre todas as coisas mais do que o sol[2].

---

     1. A expressão é afim daquela com que se abre ainda hoje a liturgia da Vigília Pascal: *Lumen Christi*. Trata-se de um genitivo epexegético, cujo sentido exato é: A luz, isto é, Cristo.

     2. Esse hino a Cristo *Luz-Vida*, colocado no início da homilia, é um longínquo antepassado da *laus cerei*, isto é, do *Exultet* pascal, do qual contém já alguns temas e expressões características. Tal celebração cultual da luz nasceu como comentário e interpretação simbólica do rito material do acender das luzes (o *lucernário*), herdado da liturgia sinagogal. A estrutura estrófica e simétrica do trecho é muito clara no texto grego. O segundo "terceto" se ar-

3. Por isso, um grande, eterno, luminoso dia, sem ocaso, instaura-se em todos nós que nele cremos:
a mística páscoa[3],
    celebrada em figura sob a Lei,
    cumprida na realidade por Cristo;
a páscoa maravilhosa,
    prodígio da divina virtude.
    obra de seu poder,
    verdadeira festa e memorial eterno.

4. A partir de [sua] paixão, a [nossa] impassibilidade,
de sua morte a nossa imortalidade,
de sua morte a nossa vida,
de suas chagas a nossa cura,
da sua caída a nossa ressurreição,
da sua descida a nossa subida[4].
Eis como Deus faz grandes coisas,
eis como ele cria prodígios mesmo do impossível,
para que se saiba que somente ele pode fazer o que quer.

[2] 5. Que o Egito então preanuncie as figuras
e a Lei explique antecipadamente as imagens da realidade,

---

ticula em três conceitos: noite – treva – morte, aos quais correspondem, com paralelismo inverso, no terceto posterior, vida – luz – aurora.

3. *Mística páscoa*: uma leitura testificada por um ramo da tradição manuscrita traz *mistério da páscoa*, mas o sentido é praticamente idêntico. No dístico que vem em seguida já se encontra em síntese o esquema de toda a tratativa: a páscoa da Lei como *figura* e a páscoa de Cristo como cumprimento e *realidade* da páscoa antiga. É a mesma antítese que se encontra no início da homilia de Melitão (*Peri Pascha*, 2-3). Seria um grave erro que prejudicaria a compreensão de toda a homilia entender "o grande, eterno, luminoso dia", como uma paráfrase para indicar o dia da Ressurreição, o oitavo dia. Este indica o dia da páscoa, que, para o homiliasta em questão, é o dia 14 de Nisan, o dia da "grande imolação", e que inaugura para os quartodecimanos o período da alegria pascal.

4. Esta interpretação da longa série de antíteses é a única possível no conjunto da homilia (cf. § 92). Ela une intimamente cristologia e soteriologia, aspecto "teológico" e aspecto "antropológico" da páscoa.

      tal como um arauto que anuncia a solene vinda do grande rei[5].
Pereça, portanto, a multidão dos primogênitos egípcios,
mas que o místico sangue do cordeiro salve Israel.

6. Tudo isso era sombra das coisas futuras,
      mas em nós se realiza o conteúdo das imagens
      e o cumprimento das figuras,
      e no lugar da sombra
      a própria verdade estável e inabalável.
Esta é a razão pela qual devia primeiro vir a Lei: para velar, mediante o tipo, o cumprimento da verdade; houve uma prefiguração e a verdade foi assim reconhecida[6].

7. Ali, um cordeiro tomado do rebanho,
      aqui o Cordeiro descido do céu.

---

5. A vinda (ἐπιδημία) de Cristo na terra, culminada no mistério pascal, é representada com uma imagem familiar aos ouvintes do período: a vinda solene do imperador em uma cidade chamada, portanto, de *epidemía*, ou seja, vinda, visita e para em meio ao povo. É uma versão em chave helenista do conceito bíblico de Javé que *visita* seu povo (cf. Lc 1,68). O vocábulo *epidemía* está entre os prediletos do homiliasta: ele o usa sete vezes para designar ora a encarnação verdadeira e própria, ora todo o arco da estadia de Cristo na terra (§§ 21.73.74.89.103). Este logo se torna um dos termos de maior relevo na cristologia antiga. Na região da Cária, na Ásia Menor, indicava-se oficialmente com ele a descida do simulacro de Zeus Panamaros do monte, onde se encontrava seu santuário, até a cidade subjacente, coisa que ocorria uma vez por ano com grande solenidade. É sinal de uma notável abertura ao ambiente por parte do homiliasta que está entre os primeiros a usar esse termo rico de ressonâncias religiosas para designar a descida do céu na terra do Verbo e sua "Encarnação" (cf. testemunhos epigráficos, *Bulletin de corresp. hellénist.*, v. 28 (1904) 238, 7-8).

6. O homiliasta expõe aqui sinteticamente o princípio da tipologia que constitui a chave de leitura da páscoa antiga. Os conceitos são muito próximos daqueles ilustrados mais longamente por Melitão (§§ 35-38). A identidade entre os dois autores é total na frase final ("Houve uma prefiguração e a verdade foi assim reconhecida") que se lê de modo idêntico no *Peri Pascha*, 4. A terminologia de ambos os autores se inspira em Hebreus 10,1 (ver nota 11, página 45).

Ali o sinal do sangue, proteção irracional de todo um povo;
   aqui o *Logos*[7] e o cálice cheio de sangue e do Espírito.
Ali um cordeiro tirado do redil,
   aqui o próprio Pastor no lugar do cordeiro.

[3] Portanto, como poderia a realidade não proclamar a plena salvação de todas as coisas, se as suas figuras já eram por si causa de salvação[8]?

Invitatório para a festa

8. Estejam, pois, em festa os céus dos céus,
   eles que – como exclama o Espírito divino – "narram a glória de Deus"[b];
(b) Sl 18,1
   eles que por primeiro acolheram o Espírito divino saído do Pai[9]
Estejam em festa os anjos e arcanjos do céu;
   alegrem-se todos os povos e o exército celeste
   diante do chefe supremo das milícias celestes
   que chega corporalmente no mundo.

---

7. Aqui, a tradução se baseia em uma correção do texto por mim ilustrada em: *L'Omelia "In s. Pascha" dello Pseudo-Ippolito*, 420-422. Uma construção diferente defendida por M. Richard (*Une homélie monarchienne*, 277) levaria a ler: "Aqui o sinal do sangue e a pequena quantidade, salvação do todo; ali todo o cálice cheio de sangue e de espírito". Em ambos os casos é clara a referência à eucaristia.

8. A propósito da eficácia salvífica da páscoa do AT, cf. acima, nota 8, páginas 42 s.

9. Em toda a homilia o Espírito divino indica o Verbo, ou mais particularmente a natureza divina de Cristo, e só raramente o carisma da inspiração bíblica (§§ 8.10.66). Isso se explica pelo fato de o autor escrever em um ambiente e em uma época em que ainda não havia se afirmado com clareza a realidade do Espírito Santo como terceira Pessoa da Trindade. É uma fase arcaica no desenvolvimento do dogma Trinitário refletida também por Melitão, que nunca nomeia o Espírito Santo (ver acima a nota 34, página 65), pelo autor da *Carta a Diogneto*, pelo Pastor de Hermas, que confunde, pelo menos nominalmente, o Espírito Santo com o Filho, e também por Lactâncio, que permaneceu firme em uma concepção ainda rudimentar da Trindade: cf. meu estudo intitulado *L'Omelia "In s. Pascha" dello Pseudo-Ippolito*, 171-185.

9. Estejam em festa também os coros dos astros,
   que indicam aquele que surge antes da estrela da manhã[c]. (c) Sl 110,3
   Esteja em festa o éter que foi mensurado em suas profundezas e extensões sem fim.
   Esteja em festa a água salgada do mar
   que foi honrada pelas pegadas sagradas de seus passos[d], (d) Mt 14,25
   Esteja em festa a terra
   irrigada pelo sangue divino[e]. (e) Lc 22,24
   Esteja em festa, por fim, a alma de todo homem
   trazida novamente à vida mediante a ressurreição em uma nova regeneração[10].

10. Eis o que é a páscoa:
    festividade comum de todos os seres,
    envio ao mundo da Vontade do Pai[11],

---

10. Nos §§ 8-9 é delineado um resumo de todo o mistério da redenção. O Verbo é contemplado do momento em que "sai" do Pai para descer sobre a terra; enquanto atravessa os vários céus com seus habitantes (segundo o esquema da cosmologia judaica); enquanto chega na terra nascendo de uma Virgem; enquanto caminha sobre as águas (vida pública) e, finalmente, enquanto morre e ressuscita. Não é, pois, o retorno do Cristo da ascensão ao Pai que é celebrado, mas a descida, a *katabasis* do Verbo. Isso conforme a concepção primitiva da páscoa, que abraça todo o ciclo da existência de Cristo e da história da salvação. A última frase é importante pois contém um dos raros acenos ao sentido soteriológico específico da ressurreição, suficiente, entretanto, para demonstrar como a ressurreição não estava ausente do conteúdo teológico da páscoa quartodecimana (ver nota 46, página 135).

11. Literalmente: *envio da Vontade paterna no mundo*. A expressão designa a encarnação como *missão* (ἀποστολή), ou *envio* do Verbo por parte do Pai. O conceito se baseia em várias passagens evangélicas em que Jesus fala de si como *enviado* pelo Pai: cf., por exemplo, João 3,17; 5,36; 20,21. O mesmo termo *missão* (*apostolé*) pode ser lido também no § 59, sempre em referência à encarnação. Embora seja raro, esse uso do termo não é desconhecido pela tradição: ele pode ser encontrado no antigo apócrifo *Doutrina de Tadeu* (Eusébio, *Hist. Eccl.*, I, 13, 20), com o significado explícito de encarnação. Na mesma frase nosso homiliasta chama o Verbo de "Vontade do Pai": isso está conforme uma tradição muito arcaica testemunhada também por Hipólito de Roma (*Contra Noetum* 13) e por Clemente de Alexandria (*Protr.*, XII, 120, 4). O título de *Vontade* parece ser uma variação daquele, mais comum, de Verbo.

aurora divina de Cristo sobre a terra[12],
solenidade perene dos anjos e dos arcanjos,
vida imortal do mundo inteiro.
chaga mortal para a morte,
alimento incorruptível para os homens,
alma celeste de todas as coisas,
sacra iniciação[13] do céu e da terra,

(f) Mt 13,52   anunciadora de mistérios antigos e novos[f],
contemplados com olhos materiais sobre a terra,
mas compreendidos totalmente apenas no céu.

[4]   11. Por isso, reconectando-nos àqueles que foram iniciados aos mistérios antigos e novos[14] mediante uma ciência sagrada, tenta-

---

No § 59 o mesmo homiliasta diz que Cristo é "Verbo como Vontade". *Missão* a partir do Pai e *submissão*, isto é, obediência, ao Pai são os traços que caracterizam a relação Pai-Filho para o homiliasta (ver também §§ 75 e 98) e isso afasta dele toda suspeita de monarquianismo. É a *missão*, de fato, que revela a real distinção entre as duas Pessoas, conforme o célebre argumento de Tertuliano: "Um é quem envia e outro é quem é enviado" (*Adv. Praxean*, 9, 2).

12. *Aurora divina*: outra expressão para indicar a encarnação. Como se vê claramente no § 78, em que o termo ocorre novamente, ela é deduzida de Zacarias 6,12: "Eis um homem: Oriente (ἀνατολή) é o seu nome". Vários textos de autores do século II testemunham a popularidade desse modo de conceber a encarnação (Justino, *Diálogo*, 100, 4; Melitão, *Fragm.*, *De baptismo* (Apêndices, página 150). Este supõe a equação: Cristo = Luz preparada pelos textos bíblicos que falam da redenção messiânica como de uma aurora, de um surgir da luz (Nm 24,17; Ml 4,2; Lc 1,78).

13. *Teleté*, ou iniciação, é um dos tantos vocábulos que o homiliasta toma da linguagem dos mistérios pagãos, após tê-lo libertado de seu caráter esotérico e iniciático. A páscoa é de fato iniciação de todo o universo.

14. Este tema da páscoa como conjunto de mistérios velhos e novos, como "anunciadora de mistérios antigos e novos" (§ 10), se junta ao mistério melitoniano da páscoa como "mistério novo e antigo" (*Peri Pascha*, 2). O texto de Mateus 13,52 aplicado aqui à páscoa enquanto conjunto de *figuras* (mistérios velhos) e de *realizações* (mistérios novos) provavelmente teve um amplo uso na polêmica antimarcionista em defesa da unidade dos dois Testamentos. De fato, Ireneu escreve: "Quanto às *coisas velhas e novas* que são tiradas do tesouro (Mt 13,52), estas são inequivocamente os dois Testamentos: as coisas *antigas* são a Lei anterior e as *novas*, a economia evangélica" (*Adv. Haer.*, IV, 9, 1).

mos explicar em poucas palavras o que é essa festa universal da páscoa.

12. Se quisermos nos alimentar ponto a ponto do Verbo, banqueteando-nos já não de coisas terrenas mas de realidades celestes, comamos também nós a páscoa racional com aquela avidez espiritual com a qual o próprio Senhor desejou comê-la com os seus quando disse: "Desejei ardentemente comer convosco a páscoa"[g].   (g) Lc 22,15

PLANO DO TRATADO

Plano da primeira parte

13. Ora, resumindo-o em poucas palavras, digamos em primeiro lugar
    o que é a Lei,
    qual era sua necessidade
    e porque a Lei [começa] a partir do Egito;
    em segundo lugar,
    o que significava a páscoa que teve origem no Egito, que é toda a economia da páscoa,
    e, por fim, o que é em seu conjunto e em cada aspecto o mistério da páscoa[1].

14. Proporemos em primeiro lugar o próprio texto da Escritura[a], para poder – a partir do confronto e da comparação – entrar em cada um dos pontos propostos à atenção[2].

(a) Ex 12,1-15. 43-49

---

1. Uma vez terminado o exórdio de caráter hinódico, começa aqui a parte discursiva e homilética. O autor traça nesta seção um plano detalhado dos argumentos que pretende desenvolver: primeiro, aqueles relativos à páscoa antiga; depois, os relativos à páscoa cristã. Os argumentos anunciados neste parágrafo serão desenvolvidos mais à frente, nos §§ 26-39, e dizem respeito à páscoa do AT em suas linhas gerais e em seu pano de fundo: o Egito, a Lei etc. Segue-se a isso o tratamento "ponto a ponto" de Êxodo 12, anunciado no § 15 e desenvolvido posteriormente nos §§ 41-72.

2. O texto da Escritura proposto pelo homiliasta refere-se a Êxodo 12,1-15, ao qual são adicionados os versículos finais 43-49. É a mesma perícope co-

[1] "O Senhor falou a Moisés e a Aarão na terra do Egito dizendo: [2] Este mês será para vós o início dos meses e o primeiro entre os meses do ano. [3] Fala a toda a assembleia dos filhos de Israel e dize-lhes: No décimo dia deste mês tomarão uma ovelha, conforme as casas de cada tribo, uma ovelha por família. [4] Se em uma casa serão em poucos para uma ovelha, seja admitido entre eles o vizinho da casa, conforme o número de pessoas. Ao contar os convidados, leve-se em conta aquilo que servirá para cada um. [5] O cordeiro seja perfeito, de um ano. O tomareis de entre os cordeiros e os cabritos. [6] O conservareis até o dia 14 deste mês e ao cair da tarde a multidão da assembleia dos filhos de Israel o degolará. [7] Tomarão do sangue e o colocarão nos dois batentes e na arquitrave e nas casas nas quais ele será comido. [8] Naquela noite comerão as carnes cozidas ao fogo com ázimos e ervas amargas. [9] Dele não comereis parte alguma crua ou cozida na água, mas apenas assada ao fogo, com a cabeça, os pés e as vísceras. [10] Dele não conservareis nada até o alvorecer e não quebrareis nenhum osso. O que sobrar até o alvorecer o queimareis no fogo. [11] E eis como o comereis: com os rins cingidos, com os calçados em vossos pés e com o cajado em vossas mãos e o comereis com pressa. É a páscoa do Senhor. [12] Nessa noite percorrerei o país do Egito e atingirei todo primogênito no Egito, dos homens aos animais, e farei justiça de todos os deuses egípcios: eu, o Senhor. [13] Nas casas em que vos encontrareis, o sangue vos servirá como sinal: eu verei o sangue e vos protegerei, quando eu atingir o Egito não haverá para vós a praga destruidora. [14] Este dia será para vós memorial e o celebrareis como festa em honra do Senhor por todas as vossas gerações; o celebrareis para sempre como um legítimo dia de festa. [15] Por sete dias comereis os ázimos com ervas amargas.
[43] E disse ainda o Senhor a Moisés e a Aarão: Esta é a lei da páscoa: nenhum estrangeiro dela comerá. [44] Quanto ao servo ou ao mercenário, antes o circuncidareis e depois pode-

---

mentada por Melitão. O texto é aqui traduzido conforme o teor que apresenta na tradição manuscrita da homilia e não segundo o texto crítico.

rá comer dela. [45] Mas o escravo do país ou comprado não poderá dela comer. [46] Será consumido todo em uma única casa; não levareis as carnes para fora dessa mesma casa; nem quebrareis osso algum dele. [47] Toda a comunidade de Israel celebrará a páscoa. [48] Nenhum incircunciso dela provará. [49] A lei será única para o cidadão e para o prosélito residente em vosso meio".

[6] 15. Assim a divina Escritura misticamente preanunciou a sagrada solenidade. Toca a nós agora analisar cuidadosamente, ponto por ponto, as coisas que foram lidas, tentando – com a ajuda de vossas orações – penetrar nos mistérios escondidos nas Escrituras, sem destruir as verdades daquilo que está escrito, mas sobretudo contemplando por meio das figuras o exato significado dos mistérios[3].

16. De fato, também a Moisés o divino Espírito ordenou construir o tabernáculo dizendo-lhe: "Segundo o modelo que eu te mostrarei, assim o edificarás"[b]. Portanto, aquilo que é concebido segundo um protótipo e um modelo primogênito deve ser visto em chave tipológica e mística[4].

(b) Ex 27,8

---

3. Especificação interessante: a interpretação tipológica não destrói o sentido literal e histórico do AT, mas procura descobrir, sob este, a verdade profética. Não se anula o AT com o NT, como propunha Marcião, mas se busca compreender o Novo por meio do Antigo Testamento. É uma concepção exegética que será retomada mais tarde e teorizada pela escola antioquena, que oporá à alegoria alexandrina uma contemplação (θεωρία) por meio da história (ἱστορία): "Nós não excluiremos uma contemplação (theoria) mais elevada: de fato, o sentido histórico (historia) não se opõe a uma contemplação mais sublime; pelo contrário, este é escudo e fundamento de todo sentido mais elevado" (Diodoro, *Prooemium in Psalmos*, ed. L. Mariès, *Rech. Sc. Rel.*, v. 9 (1919) 88).

4. Literalmente: *tipologicamente e misticamente*. Antes de aplicá-la a cada versículo de Êxodo 12, o homiliasta coloca o princípio geral que justifica e autoriza a exegese tipológica: tudo o que ocorria no AT acontecia segundo um modelo preestabelecido, que era o Verbo e a economia evangélica já presente nos desígnios de Deus. Por isso ele deve ser visto constantemente em referência àquilo do qual é cópia. Esse modo de conceber a relação tipológica – que parece se aproximar à abordagem platônica e filoniana do exemplar e da cópia – é retomado em Hebreus 8,5 que cita o mesmo texto de Êxodo 25,40 (ver acima, nota 11, página 45).

17. Assim, propomo-nos dizer, em primeiro lugar:
>porque é que este mês é o princípio dos meses;
>porque é que este mês em que recai a páscoa é o primeiro entre os meses do ano.

Em segundo lugar:
>porque é que o cordeiro deve ser tomado no décimo dia do mês;
>porque é que [deve ser] perfeito e de um ano;
>quem é o vizinho e quem é o próximo da casa que pode se associar;
>porque é que o cordeiro é conservado até o dia 14 do mês
>e, por fim, porque é que deve ser imolado ao cair da tarde, como está escrito:
>>"E toda a assembleia dos filhos de Israel o imolará ao cair da tarde"[c].

(c) Ex 12,6

18. O que significa o sangue colocado sobre os dois batentes e sobre a arquitrave;
porque é que as carnes são comidas durante a noite e assadas ao fogo e não cruas e nem cozidas na água;
porque é que se diz "a cabeça com os pés e as vísceras"[d]; e "não quebrareis nenhum osso"[e];
o que significam os ázimos com as ervas amargas.

(d) Ex 12,9
(e) Ex 12,46

19. O que [significam] os rins cingidos,
os calçados nos pés e o cajado nas mãos;
o que quer dizer "páscoa do Senhor"[f];
>e ainda "o sangue como sinal nas casas em que vos encontrais;
>eu verei o sangue e vos protegerei, quando eu atingir o Egito não haverá para vós a praga destruidora"[g];
pois foi dito: "Por sete dias comereis ázimos"[h].

(f) Ex 12,11
(g) Ex 12,13
(h) Ex 12,15

20. Porque é que o estrangeiro dela não comerá e o servo deve ser antes circuncidado;
O que significa "será consumido em uma única casa"[i] e não levareis para fora nenhuma parte
>das carnes, não lhe quebrarás osso algum e nenhum incircunciso dela comerá;

(i) Ex 12,46

de qual assembleia se fala quando diz: Toda a assembleia fará isso^j e uma única lei valerá para o habitante do país e para o prosélito que chegou entre vós; uma e idêntica para todos os dois será a lei.

(j) Ex 12,6

Plano da segunda parte

[7] 21. Estas são as figuras, símbolos e mistérios ocorridos materialmente em Israel e realizados espiritualmente em nós.

Após termos dito algo de modo sucinto em relação a essa parte, passaremos a tratar dos mistérios da realização[5]:

22. como foi a vinda de Cristo depois da Lei;
porque é que veio trazendo também um corpo;
qual era a páscoa que desejava comer conosco^k;

(k) Lc 22,15

porque é que aquele que havia ressuscitado os mortos com uma palavra não eliminou totalmente a morte da sua vida, mas quis, em vez disso, suportar plenamente a morte de cruz;

23. o que eram os espinhos com os quais ele foi cingido;
o que era o vinagre e o fel que bebeu;
o que significa aquele seu lado aberto do qual saiu sangue e água;
porque é que suplica para que se afaste o cálice que tinha vindo beber^l;

(l) Mt 26,42 par.

quem são os ladrões crucificados com ele;
qual dos dois teria ido para o paraíso com ele.

---

5. Este parágrafo é fundamental para compreender a estrutura da homilia: esta comporta uma primeira parte, dedicada à páscoa judaica, e uma segunda, dedicada à páscoa cristã. O autor dá a entender que a primeira será sucinta e isso explica a índole e o estilo da primeira parte da homilia, feita de breves anotações exegéticas sobre Êxodo 12, e que é tão diferente do tratamento amplo e desenvolvido da segunda parte. Essa primeira parte, que consiste em breves notas exegéticas, corresponde talvez àquela parte que no *Peri Pascha* de Melitão parece preceder à homilia verdadeira e própria como uma "explicação das palavras da Escritura" (ver acima, nota 1, páginas 31 s.).

24. Porque é que o Espírito foi entregue nas mãos do Pai, e o corpo no sepulcro novo;
(m) Lc 23,43
qual parte dele se encontraria no paraíso naquele mesmo dia[m];
o que simbolizam os três dias na sepultura sob a terra à qual se submeteu;
porque é que são as mulheres as primeiras a vê-lo e porque,
(n) Mt 28,9
ao lhes dar a boa-notícia, diz: "Mulheres, alegrai-vos"[n].

25. Estes são para nós os manjares da sagrada solenidade,
esta é a mesa espiritual,
este é o gozo e o alimento imortal.
(o) Jo 6,31
Nós que nos alimentamos do pão descido do céu[o] e que bebemos do cálice que dá alegria – daquele sangue vivo e inflamado que recebeu a marca do Espírito celeste[6] –, retomando o nosso discurso, dizemos principalmente
o que é a Lei e a economia da Lei,
e assim conheceremos a partir da comparação
o que é o Verbo e a liberdade do Verbo[7].

---

6. Sob essa terminologia, há uma tentativa velada de explicar o mistério eucarístico com o auxílio de noções estoicas. O sangue e o corpo de Cristo (este é mencionado no § 57) são chamados de inflamados ou ígneos pois o calor do sangue era considerado o veículo e o sinal da presença do *Pneuma*, isto é, do elemento divino e espiritual que os estoicos definiam, justamente, como "fogo artífice".

7. Lei (*Nomos*) e Verbo (*Logos*) estão contrapostos na medida em que indicam as duas fases da história da salvação: o AT caracterizado pela Lei mosaica e o NT tendo por base o Evangelho. Mais além encontraremos os dois termos *Logos* e *Nomos* não mais contrapostos, mas colocados lado a lado (§ 59), utilizados para designar o único artífice e revelador dos dois Testamentos: Cristo. Também este é um tema que coloca em comum o homiliasta e Melitão (ver acima, nota 9, página 35).

PRIMEIRA PARTE
A PÁSCOA JUDAICA: A ECONOMIA DA LEI

Encômio da lei[1]

[9] 26. A Lei mosaica é um conjunto de preceitos variados e necessários, uma coleção de utilidade comum de todas as coisas boas da vida, misteriosa imitação do modo de viver celeste, candelabro, velas, fogo e lumes que refletem a luminária celeste[2].

---

1. Melitão (*Peri Pascha*, 41) atesta um grande respeito pela Lei mosaica no próprio ato de afirmar seu cumprimento e superação. O mesmo faz o homiliasta, que, entretanto, desenvolve muito mais amplamente o aspecto positivo da Lei antes de declará-la transitória (§ 64) e superada (§ 30). Em seu gênero, é um trecho extremamente original e notável. O gênero retórico empregado é o do *enkomion* tão em voga junto aos declamadores da época: Élio Aristides, Máximo de Tiro e Dion Crisóstomo. Cada parágrafo é construído com breves *kola* simétricos frequentemente ligados à rima final.

2. Na apocalíptica bíblica eram frequentes as descrições de liturgias celestes modeladas a partir de objetos e das cerimônias do culto do templo de Jerusalém (cf. Zc 4,2; Ez 1,13, dos quais depende João em Ap 1,12-17 e 4,5). Aqui o homiliasta parece inverter a relação: é muito mais o culto da Lei (candelabro, velas etc.) a ser um reflexo e uma imitação do culto celeste, conforme a concepção da Epístola aos Hebreus (Hb 8,5) que faz do tabernáculo terrestre uma cópia do tabernáculo celeste (ver acima nota 11, página 45). Esta perspectiva é diferente daquela propriamente tipológica que estabelece uma relação, por assim dizer, horizontal entre duas realidades históricas imersas no tempo. Trata-se, pelo contrário, da ideia platônica, segundo a qual o mundo celeste e inteligível é modelo e paradigma do mundo terrestre e sensível: ideia amplamente atribuída à Bíblia por Fílon. Contudo, para nosso homiliasta –

27. A Lei mosaica é modelo de religiosidade,
    regra de boa conduta,
    freio colocado no primeiro pecado,
    anúncio velado da verdade futura.

(a) Ex 31,18

28. A Lei mosaica é punição do extravio egípcio,
    esta foi esculpida pelo dedo de Deus[a],
    enquanto que para um empreendimento muito diferente o braço excelso havia sido guardado[3].

29. A Lei mosaica é guia de piedade,
    guia de justiça,
    luz dos cegos,
    condenação dos estultos,

---

assim como para o autor da Epístola aos Hebreus – o protótipo celeste não é genericamente o mundo inteligível, como para Fílon, mas a pessoa de Cristo preexistente. Por isso o homiliasta, em outro lugar (§ 16), define esse protótipo e modelo com o adjetivo de *primogênito*, fazendo alusão ao Verbo. A partir dessa concepção se ilumina com nova luz toda a explicação simbólica ou tipológica da Lei: ora, a Lei pode ser um "símbolo de graça futura" (§ 27, 31) na medida em que ela mesma é uma cópia do Cristo preexistente. As duas concepções da Lei como *cópia* e *imitação* de algo que a precede e como *símbolo* e *figura* de algo que a sucede não são em todo caso contraditórias, mas reduzíveis a uma profunda unidade, que é a própria unidade do plano salvífico de Deus articulado no Cristo.

3. A mesma distinção entre *dedo de Deus* e *braço excelso* encontramos em um texto da *Haggadá* pascal rabínica, em que ela é adotada para demonstrar que a intervenção do braço de Deus no Mar Vermelho (Ex 14,31) atingiu os egípcios cinco vezes mais severamente que seu dedo no Egito (Ex 8,15) (BONFIL, R., *Haggada di Pésach*, 69). Levando em consideração que o contexto trata do tema da oposição entre a Lei e o Evangelho, em nosso texto a antítese "dedo de Deus" e "braço de Deus" significa que assim como o braço é superior ao dedo, do mesmo modo a revelação evangélica é superior à mosaica. Entretanto, não é arbitrário perceber no título "braço excelso" um título pessoal de Cristo, favorecido por Isaías 53,1: "Brachium Domini cui revelatum est?", principalmente por que o próprio Cristo aplicou a si esse texto (Jo 12,38). Cristo é chamado de Braço ou Mão de Deus por Clemente de Alexandria (*Protr.*, XII, 120, 4), Tertuliano (*Adv. Praexan* 13, 3), Hipólito de Roma (*In Dan.*, II, 33), Eusébio de Cesareia (*Demon. Evang.*, VI, 24).

pedagoga dos jovens[4],
vínculo para os contumazes,
freio para as duras cervizes,
jugo de obrigação para os renitentes.

30. A Lei mosaica é um mensageiro de Cristo,
precursor de Jesus,
arauto e profeta do grande Rei[5],
escola de sabedoria,
exercício indispensável,
didascaleion[6] de todo o mundo,
uma prescrição que precede,
um mistério que passa.

31. A Lei mosaica é um compêndio de símbolos e enigmas da graça futura;
    ela anunciava mediante as figuras a perfeição da realidade futura;
    com os sacrifícios [anunciava] a Vítima,
    com o sangue, o Sangue,
    com o cordeiro, o Cordeiro,
    com a pomba, a Pomba[7],

---

4. Alguns dos títulos da lei contidos neste parágrafo são inferidos, mediante um curioso procedimento, de um texto em que São Paulo fala do judeu que se crê "guia de cegos, luz daqueles que estão nas trevas, mestre dos ignorantes, instrutor dos jovens" (Rm 2,18-20).

5. Essa série de epítetos se aproxima da série com que são descritas a figura e a ação de João Batista: cf. Ml 3,1; Lc 1,76; Mt 3,1.

6. Referência à escola de catequese. Esse termo grego foi empregado para designar, por exemplo, a famosa escola de catequese de Alexandria. (N. do T.)

7. As duas pombas colocadas aqui em comparação como tipo e realidade são, com toda a probabilidade, a que emergiu da arca de Noé (Gn 8,8) e a do batismo de Jesus (Mt 3,16). A pomba, que na Escritura e na tradição é considerada símbolo do Espírito Santo que desce sobre o Cristo, é, pelo contrário, referida pelo nosso autor ao próprio Cristo em virtude de sua habitual identificação do Espírito divino com o Verbo (ver acima nota 9, página 84). A atribuição do título de pomba a Cristo se encontra em alguns escritos gnósticos da época, e está baseada em cálculos cabalísticos. De fato, somando

com os altares, o Sumo Sacerdote,
com o templo, o receptáculo da divindade[8],
com o fogo em torno do altar, toda a Luz do mundo que desce do alto[b].

(b) Jo 6,12

A punição do Egito

[10] 32. A Lei foi assim preparada para nós segundo um plano misterioso. Por outo lado, era justo que a Lei viesse do Egito, sendo destinada a cortar da alma depravada e do coração egipcizante[9] as sementes invisíveis do mal, a extirpar, como um arado, os espinhos abundantes e densos dos desígnios [perversos], a fender como uma relha, abrindo sulcos nos abismos da alma, lavrando-a e preparando-a para acolher a semente celeste que é a Palavra de Deus. Eis porque com razão exclama o Espírito divino: "Desbravai uma roça nova e não lanceis semente entre os espinhos"[c].

(c) Jr 4,3

33. Por isso não é sem mistério que a páscoa venha do Egito: ela é a primeira brecha aberta nas trevas da idolatria, corte espiritual da ímpia idolomania, praga noturna vingadora dos primogênitos do mal[10].

---

as letras que compõem a palavra grega correspondente (*peristerá*) é possível obter o número 801 que, oportunamente subdividido, resulta nas duas letras *Alfa* (= 1) e *Ômega* (= 800) que são símbolo de Cristo (Ap 1,8): cf. IRENEU, *Adv. Haer.*, I, 14, 6.

8. *O receptáculo da divindade* é o corpo de Cristo que em outro lugar é chamado pelo homiliasta de "habitáculo do Espírito divino" (§ 77). A ideia está baseada em Colossenses 2,9: "Nele habita corporalmente toda a plenitude da divindade". A imagem de Cristo como novo templo espiritual prefigurado pelo templo material remonta à própria palavra do Salvador: "Destruí este templo…" (Jo 2,19).

9. *Egipcizar*. O verbo era usado também por autores clássicos (ARISTÓFANES, *Tesmof.*, 922) com o sentido de "assemelhar-se a um egípcio, ou seja: ser astuto e pérfido como um egípcio".

10. *Primogênitos do mal*, pois como será explicado no § 36, sendo mais velhos em relação aos demais filhos, eram há mais tempo também escravos da idolatria.

[11] 34. Também o Egito, e não há dúvida, padecia[11] pela mortandade dos primogênitos, quando seus filhos mais velhos morreram em massa[d], e isso, de um lado, para que o Faraó de dura cerviz, não dobrado pelas pragas anteriores, fosse finalmente domado; e, de outro, para que Israel fosse milagrosamente salvo também por esses meios e Deus fosse cm tudo glorificado. (d) Ex 12,29

Portanto, para o Egito era a *paixão* em meio à praga;
para Israel, a páscoa em meio à festa.
Por isso a festa é chamada *páscoa do Senhor*[e]. (e) Ex 12,11

[12] 35. Essas e muitas outras são as figuras da futura filantropia de Deus, filantropia que não enfraquece.

A verdadeira explicação dessas coisas é, pois, a seguinte. O Egito imenso e obscuro é a imagem da desorientação profunda e tenebrosa. De fato, dali [provém] as primeiras ondas do erro: bezerros, peixes, pássaros e toda sorte de animais divinizados e honrados como divindades[12]. Mas quando se revelar a ira vingadora do céu e o grande furor se derramar sobre toda a terra, então o erro da superstição e da idolatria será o primeiro a ser atingido. De fato, está escrito: "Eu me vingarei de todos os deuses egípcios: eu, o Senhor"[f]. (f) Ex 12,12

[13] 36. A praga alcança todos os primogênitos, pois reivindicavam para si o direito de antiguidade estando a mais tempo a serviço dos ídolos.

---

11. Padecia: o verbo usado neste ponto (ἔπασκε) contém uma alusão à conhecida explicação *Pascha = passio*. Portanto, o sentido da frase seria: também o Egito *celebrava sua páscoa*, mas a vítima não era um cordeiro, mas sim os próprios filhos. A mesma aproximação *Pascha-passio* volta no final do parágrafo e mais claramente no § 92. Também Melitão (§ 46) usa o verbo *paschein* (= padecer) com o sentido cristão de celebrar a páscoa (cf. § 46 e nota).

12. O Egito como símbolo do mundo e do mal é um lugar comum na exegese antiga dos próprios Padres egípcios, como Orígenes, Atanásio etc. A sátira da religião teriomórfica dos egípcios estava em uso também entre os autores pagãos. O homiliasta parece retomá-la a partir de Sabedoria 11,15; cf., entretanto, FÍLON, *De decalogo*, 76-80.

[14] 37. A praga [surge] nas trevas e à noite. De fato, tenebroso, escuro e negro, sem luz e sem dia será o lugar em que se fará justiça das obras das trevas e dos demônios.
De fato, está escrito:
"Darei sinais no céu e na terra, fogo e fumaça. O sol mudará em trevas e a lua em sangue, antes que chegue o dia do Senhor grande e manifesto"[g, 13].

(g) Jl 3,3-4

E ainda:
"Ai daqueles que suspiram pelo dia do Senhor. A que vos servirá este dia do Senhor? Ele será de trevas e não de luz. De fato, será como um homem que foge de um leão e se depara com um urso; entra em casa, apoia a mão na parede e é mordido por uma serpente. Não será talvez o dia do Senhor trevas, em vez de luz? Será certamente trevas, e não haverá luz nele"[h].

(h) Am 5,18-20

38. *O sangue como sinal:* a figura do selo de Cristo impresso com o sangue. O *sinal* não é, pois, ele mesmo a realidade; mas o sinal é sinal de uma realidade futura. Todos aqueles que trazem impresso, pela unção, o sinal do sangue em suas almas e em suas casas, todos estes poupará a praga exterminadora. De fato, se diz: "Nas casas em que verei o sangue, eu vos protegerei e não haverá para vós a praga devastadora quando eu atingir a terra do Egito"[i].

(i) Ex 12,13

39. *O sangue como sinal* significa, portanto, a proteção; *nas casas* significa nas almas: com efeito, estas, por força da fé, se tornam uma digna habitação do Espírito divino[14]. *Vos protegerei* indica a pro-

---

13. Esse texto de Joel 3,3 era aplicado ao castigo do Egito também na *Haggadá* pascal judaica (ed. Bonfil, 63-65). Os pontos de contato da homilia com a *Haggadá* pascal judaica são tão numerosos a ponto de nos fazer pensar que o homiliasta, assim como Melitão (cf. nota 25, página 61), conhecesse diretamente os textos litúrgicos pascais do judaísmo.

14. O sangue com o qual são ungidos os umbrais das casas dos hebreus é visto como figura da unção dos cristãos mediante o crisma. O autor aí retoma o § 67. A essa unção é atribuído de modo especial à entrega do Espírito (por força da constante equação Sangue-Espírito) e a *sphragis* como proteção (cf. também MELITÃO, *Peri Pascha*, 67 e a nota 9, página 43). Está particularmente próximo ao texto do homiliasta o que escreve Justino: "O mistério do cordeiro que Deus ordenou imolar como páscoa era figura de Cristo com o

teção sem limites que as mãos de Jesus estendidas [na cruz] oferecem aos fiéis.

A exegese tipológica de Êxodo 12

[16] 40. Tal é o mistério cósmico da páscoa em sua totalidade.

Mas escuta também, por quanto nos é possível, a explicação detalhada da divina festividade. De fato, qual seja a verdade em torno dessas coisas, o sabe apenas Deus e seu Verbo que dispôs em si mesmo e mediante sua pessoa a sagrada páscoa. A nós, que somos seres humanos, seja concedida vênia, ó caríssimos, se erramos.

[17] 41. Portanto, retomando o argumento desde o início, digamos, em primeiro lugar, porque é que esse mês é o *princípio dos meses* e o mês da páscoa é *o primeiro dentre os meses do ano*[j]. (j) Ex 12,2

A explicação que circula privadamente entre os judeus diz que este é o tempo no qual Deus, artífice e demiurgo do universo, criou todas as coisas[15] e que foi como a primeira flor da criação e o

---

sangue do qual, conforme o ensinamento da fé nele, são *ungidas* as suas casas, isto é, os próprios crentes nele; de fato, sabeis como o corpo de Adão moldado por Deus se tornou habitáculo do Espírito infundido por Deus" (JUSTINO, *Diálogo*, 40, 1). Uma comparação com as fontes do século II mostra que o rito cristão ao qual se faz referência é a unção que ocorria imediatamente após o batismo na iniciação cristã (na Síria até mesmo chegava a precedê-lo) e que se deveria configurar em seguida como um sacramento distinto: o da crismação ou crisma. Cf. mais difusamente *L'Omelia "In s. Pascha" dello Pseudo-Ippolito*, 306-328.

15. Mais uma específica e fundamentada evocação das temáticas pascais rabínicas. Nesse caso, trata-se da convicção de que a data da páscoa coincidia com o aniversário da criação. Nesse sentido se expressam já Fílon (*Special. Leg.*, II, 151-154) e algumas fontes talmúdicas posteriores. A aproximação entre páscoa e criação levou ao desenvolvimento, no judaísmo, de um simbolismo profundo que via na páscoa uma palingênese do mundo, uma nova criação, uma renovação de toda a criação, um ponto intermediário entre a criação e a *parusia* final (cf. *Targum do Êxodo* 12, 42, in: LE DÉAUT, R., *La nuit pascale*, 64-65). O nosso homiliasta está entre os primeiros a perceber esse simbolismo que posteriormente se tornará muito comum na catequese pascal

ornamento do mundo quando o Criador olhou novamente para a esplêndida obra de arte que se movia harmoniosamente segundo sua razão[16].

42. Eles se baseiam na conjuntura favorável dos astros, na amenidade do clima, na regularidade do sol, no surgimento da lua cheia; no brotar das sementes, no crescer das plantas, na germinação do rico florescimento das árvores e nas partes dos tenros cordeiros do rebanho.

43. A partir de então toda a terra se cobre de verde;
as árvores florescem prontas a brotar e dar à luz os seus frutos.
Então o agricultor, tendo tirado do arado o jugo, dá repouso aos bois que mugem e, tendo jogado na terra a semente divina, espera [que se abram] do alto as fontes do céu.

44. Então o pastor munge dos rebanhos o alvo leite
e dos doces favos das colmeias tiram os apicultores o mel;
então o marinheiro, com alegria em seu coração, se confia ao mar
e enfrenta a onda verde, perito na arte de lucrar[17].

---

cristã, frequentemente ligada ao tema da primavera, como em nosso texto. Cf. sobre este tema CANTALAMESSA, R., *La Pasqua della nostra salvezza*, 192 s.

16. O sentido da frase, no original, é um pouco ambíguo. Seria possível entender "a esplêndida obra de arte" em referência a todo o cosmos, em vez de ao ser humano. Nesse caso, o *noûs* indicaria o princípio inteligível que, segundo a concepção clássica, anima o cosmos e determina seu movimento harmonioso (cf. PLATÃO, *Timeu*, 34; PLOTINO, *Enéadas* IV, 33-35).

17. Essa descrição lírica da primavera ecoa temas da poesia helenista, principalmente um pequeno poema de Meleagro de Gadara (*Anthologia Palatina* IX, 363). Também essa celebração lírica da primavera em função da catequese pascal (a páscoa = renascimento e reflorescimento da criação após o inverno do pecado) teve muito sucesso entre os cristãos: cf. EUSÉBIO DE CESAREIA, *De solemnitate paschali*, 2 (PG, 24, 696) e CIRILO DE ALEXANDRIA, *Hom. pasch.*, XVIII e XXIX, 1 (PG, 77, 801 D; 961 A); entre os latinos cf. CROMÁCIO DE AQUILEIA, *Sermo* XVII, 3 (SCh, 154, 272 s.) que tem em comum com o homiliasta a menção à retomada da navegação na primavera.

45. [Disso concluem que] essa regularidade de todos os elementos, essa harmonia do universo, essa – se se poderia dizer – sorte feliz é a primícias e o princípio do universo, o início do ano que se alegra pela doçura do clima.

46. Eu não rejeito crer nessa explicação. Considero, no entanto, antes, creio firmemente, que é por causa da festa espiritual da páscoa que recebeu o nome de princípio, de chefe e soberano absoluto de todo tempo e época esse mês da páscoa, no qual se realiza e se celebra um tão grande mistério[18].

47. Desse modo, como o Senhor é desde o princípio o Primogênito e o progenitor de todas as coisas inteligíveis e visíveis[k], assim também esse mês honrado pela sagrada celebração seja o primeiro do ano e o início de todas as épocas. É esse o ano que a divina Escritura proclama gritando: "Anunciai um ano da graça do Senhor!"[l].

(k) Cl 1,15

(l) Is 61,2

[18] 48. *Um cordeiro*[19] é a vítima sagrada. De fato, está escrito: "Como ovelha ele foi conduzido ao matadouro e como cordeiro que não abre a boca diante de quem o tosa"[m]. E João: "Eis o Cordeiro de Deus que tira o pecado do mundo"[n].

(m) Is 53,7

(n) Jo 1,29

[19] 49. O cordeiro [deve ser] *perfeito e de um ano*[o]: perfeito enquanto vem do céu; de um ano enquanto está sobre a terra. De fato, o ano é a medida do tempo sobre a terra: transcorrendo e girando cicli-

(o) Ex 12,5

---

18. O autor coloca ao lado da tradição judaica da páscoa como aniversário da criação a visão cristã segundo a qual o mês de Nisan foi considerado o início do ano, em previsão da páscoa futura do Senhor, que deveria se realizar nessa data. Uma explicação análoga encontra-se em Gregório Nazianzeno: "O mês primeiro, ou melhor, o princípio dos meses: se deriva originariamente da tradição judaica, ou se posteriormente se tornou tal por causa do mistério [de Cristo] recebendo a qualificação de primeiro" (*Or.*, 45, 14; PG, 36, 641 C).

19. Diferentemente de Melitão (cf. nota 6, páginas 33 s.), o Anônimo não faz qualquer distinção de monta entre os dois termos gregos *próbaton* e *amnós*. Por esse motivo traduzimos ambos como cordeiro, salvo o caso em que ambos estejam presentes contemporaneamente no texto.

camente sobre si mesmo, com sua alternância rítmica, ele é um reflexo da eternidade que não tem fim[20].

(p) Ex 12,3

[20] 50. Ele *é escolhido no décimo dia do mês*[p] e também isso possui um sentido totalmente simbólico. De fato, o intervalo até o Evangelho é a Lei e, na Lei, o mandamento que vem antes dos demais é o *decálogo*. O místico Cordeiro que desce do céu chega depois dos dez mandamentos da Lei.

(q) Ex 12,6

[21] 51. *É custodiado*[q] em seguida, nos dias intermediários, pois a Escritura prefigura o tempo intermediário até a paixão, isto é, a páscoa realizada na vinda da encarnação[21] e, ao mesmo tempo, a prisão em que o Cristo foi custodiado junto ao grande Sacerdote.

(r) Ex 12,4

52. O *próximo* que é acolhido para [consumir] o cordeiro, o *vizinho de casa*[r] sou eu. De fato, o Cordeiro, ó Israel, não foi por ti compreendido[22].

(s) Ex 12,6

[23] 53. E ainda, o cordeiro é imolado *ao cair da tarde*[s]: de fato, é no pôr do sol que o sagrado Cordeiro de Deus é morto[23].

---

20. Os dois requisitos da vítima pascal, *perfeito* e *de um ano*, são interpretados alegoricamente em função das duas naturezas de Cristo, ao mesmo tempo ser celeste e terreno. Uma definição de ano próxima a que está contida neste texto é possível ser lida em outra homilia pascal, esta de Pseudo-Crisóstomo: "O ano é símbolo da eternidade, pois, retornando ciclicamente, gira continuamente sobre si mesmo, sem parar em nenhum fim" (PSEUDO-CRISÓSTOMO, *Hom. In s. Pascha*, I, 6: SCh, 36, 59).

21. Texto incerto, talvez pela perda de algum elemento da frase.

22. Segundo a prescrição de Êxodo 12,4 devia-se acolher o vizinho de casa para comer o cordeiro, isso quando os componentes da família fossem em pequeno número para consumir toda a vítima. Mas desde o momento em que Israel rejeitou a verdadeira vítima pascal, que é Cristo, o vizinho de casa, isto é, os gentios, se tornaram comensais por direito da páscoa.

23. A prescrição de comer o cordeiro ao cair do dia – que na tradição alexandrina será interpretada em chave escatológica (cair do dia = o fim dos séculos) – na tradição quartodecimana é entendida em sentido histórico, em referência ao momento exato em que Jesus morreu (cf. nota 31, página 62 s.).

[24] 54. *Toda a assembleia dos filhos de Israel o imolará*[t]: de fato, o povo incrédulo de Israel se tornou responsável por aquele sangue precioso, primeiro porque o fez morrer, em seguida, até os nossos dias, porque continua a não crer. Por isso, o Espírito divino testemunha contra eles e grita: "As vossas mãos estão cheias de sangue"[u].

(t) Ex 12,6

(u) Is 1,15

[25] 55. O sangue [é espalhado] *sobre a porta* como sobre a Igreja e sobre os dois batentes[v], como sobre dois povos. De fato, o Salvador não nega ter sido enviado em primeiro lugar a ti, ó Israel. De fato, diz: "Não fui enviado para vós, mas para as ovelhas perdidas da casa de Israel"[w]. Eu, como um cachorrinho, sentava à mesa dos outros; não podia comer o pão, mas como parasita no banquete dos outros recolhia as migalhas caídas[24]. Entretanto, do momento que tu não reconheceste o maná que veio do céu, é a mim que foi transferido o pão, pois eu acreditei e, de cão que era, eis-me aqui já tornado filho.

(v) Ex 12,7

(w) Mt 15,24

[26] 56. As carnes serão comidas ao *cair da noite*[x]: a luz do mundo, de fato, declinou sobre o grande corpo de Cristo: "Tomai, comei: isto é o meu corpo"[y].

(x) Ex 12,8

(y) Mt 26,26

[27] 57. As carnes *cozidas ao fogo*[z]: e, na realidade, ígneo é o corpo racional de Cristo[25]: "Eu vim para atear fogo na terra e como quisera que ele se acendesse!"[a].

(z) Ex 12,8

(a) Lc 12,49

[28] 58. A carne *não* [deve ser] *crua*[b], para que a palavra seja bem digerível, fácil de enunciar, fácil e pronta para ser assimilada; nem mesmo *fervida em água*, para que a palavra não seja nem úmida, nem aguada e nem diluída[26].

(b) Ex 12,9

---

24. Alusões aos episódios da cananeia (Mt 15,27) e do pobre Lázaro (Lc 16,21). Todo o parágrafo contém uma bela variação sobre o tema da rejeição de Israel e da eleição dos gentios, em tom menos violento do que o de Melitão, mas teologicamente muito mais denso por reminiscências bíblicas.
25. A propósito do Corpo de Cristo "ígneo", cf. nota 6, página 94.
26. A eucaristia é sucedida, neste ponto, na aplicação tipológica, pela palavra de Deus que deve ser anunciada de modo fácil e compreensível, sem, contudo, ser aguada (cf. 2Cor 2,17) pela adição de elementos humanos estranhos que diminuem seu valor intrínseco. Esse versículo é explicado de modo

[29] 59. *A cabeça com os pés e as entranhas*[c]: <a cabeça como Deus, as entranhas>[27] como Vontade invisível, os pés como homem. *A cabeça com os pés e as entranhas*: princípio intermediário e final, que todas as coisas mantém unidas e ligadas, unindo-as em si mesmo com liames indissolúveis, feito na verdade "mediador entre Deus e os homens"[d].

A cabeça com os pés e as entranhas: Deus, Verbo e homem sobre a terra.

A cabeça com os pés e as entranhas: em altura, em profundidade e em extensão <*lacuna no texto*> e os fundamentos da terra.

A cabeça com os pés e as entranhas: Lei, Verbo e Missão: Lei enquanto Princípio, Verbo como Vontade e pés enquanto Missão[28]: "Como são belos os pés daqueles que anunciam o bem"[e].

(c) Ex 12,9
(d) 1Tm 2,5
(e) Rm 10,15

---

muito refinado por Gregório Nazianzeno: "Não fervido, mas assado [o cordeiro]: isso para que a palavra nada tenha de inexplorado e de aguado, para que não seja facilmente dissolvida mas toda compacta e sólida, provada pelo fogo purificado e livre de toda escória material" (*Or.*, 45, 15; PG, 36, 644 D).

27. A frase em acréscimo falta no texto grego e foi reconstruída com base no contexto.

28. Parágrafo importante para a cristologia do homiliasta. Trata-se de cinco variações na interpretação tipológica do versículo do Êxodo segundo o qual o cordeiro deve ser consumido junto com a cabeça, os pés e as entranhas. Fundamentalmente, os três detalhes são interpretados em relação a Cristo que, enquanto é *Deus* e *Princípio*, é simbolizado pela cabeça; enquanto é *Vontade* e *Verbo* ínsito ao Pai é simbolizado pelas entranhas; enquanto *Homem*, *enviado* (Missão) pelo Pai no *final*, é simbolizado pelos pés. O título Vontade (*Boulé*) é usado como alternativa e como sinônimo de *Logos*: "Verbo como Vontade"; a primeira série de títulos: "Deus – *Vontade* – Homem" é assim explicada na terceira série: "Deus – *Verbo* – Homem". (Para a concepção de Cristo como *Missão* do Pai, cf. a nota 11, páginas 85 s.). É particularmente significativa a segunda série de títulos: o Cristo "Princípio, intermediário e fim". Ela repropõe em termos cristãos a antiga concepção do *Logos* como vínculo e intermediário cósmico que mais adiante será repetida a propósito da cruz (§§ 96-97). Alguns termos levam a considerar que o homiliasta se inspira, direta ou indiretamente, em alguns textos de Fílon: "O *Logos*, sendo o vínculo de todas as coisas, mantém unidas todas as partes e as junta firmemente, impedindo que se desvinculem e se separem" (Fílon, *De fuga et inv.*, 112); "O *Logos* de Deus como intermediário nada deixa de vazio na natureza, mas preenche o todo e serve como intermediário e intérprete mesmo das coisas que parecem

[30] 60. *Não lhe quebrarão nenhum osso*[f], para que seja manifesta-da sua ressurreição com o corpo. De fato, disse: "Põe teus dedos na ferida dos cravos" e sabei que "um espírito não possui carne ou ossos"[g].

(f) Ex 12,10

(g) Jo 20,27 e Lc 24,39

[31] 61. *Comereis os ázimos com ervas amargas*[h], de fato, amargos foram para ti os mistérios das tuas obras más: "A vossa terra deserta, as vossas cidades tomadas pelo fogo, o vosso território os estrangeiros devastarão sob os vossos olhos; ele ficará desolado e revirado por povos estrangeiros"[i].

(h) Ex 12,8.15

(i) Is 1,7

[32] 62. *Comereis com pressa*[j] a páscoa: de fato, é necessário que esteja vigilante e sóbrio aquele que esteja prestes a abeirar-se do grande Corpo[29].

(j) Ex 12,11

[33] 63. *Os vossos rins cingidos*[k]: detenham-se as fontes dissolutas da geração, os amplexos carnais e os prazeres sórdidos[30].

(k) Ex 12,11

[34] 64. *Com os calçados em vossos pés*[l]: [os calçados] que dirigem os passos, apoios que impedem o mancar, na medida em que são raiz da verdade.

Com os caçados em vossos pés: [os calçados] que Moisés tirou e que Jesus, ao contrário, calçou, como está escrito: "tira as sandálias de teus pés"[m] – isso para que seja manifestado o caráter transitório

(l) Ex 12,11

(m) Ex 3,5

---

em contraste entre si" (Id., *Quaest. in Exodum* II, 68). A essa mediação ontológica, o homiliasta continua, mediante uma passagem relativamente brusca, com a atribuição da mediação moral ou soteriológica de São Paulo (1Tm 2,5).

29. *Grande Corpo* é a expressão que o homiliasta ama usar para designar a eucaristia: cf. também o § 56.

30. Em si, essa prescrição parece estar ligada ao recebimento da eucaristia e não condena o uso do matrimônio. Entretanto, unida a vários outros indícios, ela leva a crer que o homiliasta compartilhava certos temas e atitudes ascéticas do encratismo. É o ambiente ao qual está ligado Melitão, conhecido como "eunuco", isto é, celibatário por vontade própria (cf. Introdução, página 15) e do qual saíram os vários *Atos dos Apóstolos* apócrifos de tendência encratista; alguns deles apresentam várias e estreitas afinidades com esta homilia, como os *Atos de André* e os *Atos de João*. Um sintoma dessa mesma tendência é revelado pelo homiliasta no modo como descreve a encarnação (cf. § 77).

(n) Lc 3,16

da Lei – e "Não sou digno de desamarrar tuas sandálias"[n] – para indicar a estabilidade definitiva do Verbo.

(o) Ex 12,11

[35] 65. *O cajado em vossas mãos*[o]: símbolo do poder divino, apoio do vigor espiritual:

(p) Ex 4,2-5
(q) Nm 17,23
(r) Gn 30,37
(s) Ex 14,16
(t) Ex 15,25

é o cajado de Moisés[p],
o cajado de Aarão[q],
o cajado de amendoeira[r],
o cajado que separa as profundezas do mar[s],
o cajado que adoça as águas amargas[t],
o cajado sobre o qual repousaram os sete espíritos santos de Deus: "Será preenchido pelo espírito de sabedoria e de inteligência, o espírito de conselho e de fortaleza, espírito de ciência e de piedade, espírito do temor de Deus"[u, 31].

(u) Is 11,1-2

(v) Ex 12,11

[36] 66. Quanto à páscoa, ela [é chamada de] *a páscoa do Senhor*[v]: podia o Espírito proclamar mais claramente do que isso que a páscoa não é uma [simples] figura, nem um simples relato, nem somente uma sombra, mas realmente a páscoa do Senhor[32]?

---

31. Nesse texto o homiliasta reúne uma série de *testimonia* da cruz em torno do tema do cajado de Êxodo 12,11. A série era comum na catequese do século II, como é possível inferir a partir da comparação com Justino, que possui a mesma lista (JUSTINO, *Diálogo*, 86). Nota-se uma predileção pela figura da cruz contida no cajado com que Moisés tornou doces as águas de Mara (Ex 15,23-25). Nela, os primeiros cristãos viram expressa a associação: cruz – batismo. Tertuliano escreveu: "Aquele lenho era Cristo, o qual transformou em si as fontes que anteriormente estavam envenenadas e amargas na água salutífera do batismo" (TERTULIANO, *De baptismo* 9, 2). Um conceito análogo é expresso pelo homiliasta no § 100. Esse simbolismo passou para a liturgia: no prefácio de consagração da água batismal, na Vigília Pascal, a liturgia latina conservou a recordação do episódio de Êxodo 15,23-25 da água amarga tornada doce pelo toque do cajado de Moisés.

32. A interpretação de Senhor (*Kyrios*) como título referido a Cristo, em vez de a Javé, permite ao homiliasta ver designada já explicitamente, como uma verdadeira e própria profecia (e não como simples figura), a páscoa de Cristo na páscoa do Êxodo. A própria exegese encontra-se em Tertuliano: "*páscoa do Senhor*: isto é, a Paixão de Cristo" (TERTULIANO, *Adv. Jud.*, 10, 18).

[37] 67. *O sangue como sinal*[w]: isto é, sinal da realidade futura, primeira prefiguração do verdadeiro Espírito, antecipação do grande Crisma³³.   (w) Ex 12,13

[38] 68. *Verei o sangue e vos protegerei*[x]. Tu, ó Jesus, protegeste-nos verdadeiramente de uma terrível ruína; estendeste [na cruz] tuas mãos paternas, e fizeste brotar na terra o sangue divino com a tua solicitude para com os homens, levada até o sangue³⁴; tiraste de nós as ameaças de tua ira e nos deste do alto, em troca, as primícias da reconciliação.   (x) Ex 12,13

[39] 69. [Os judeus] comam também os ázimos *por sete dias*, ele que se preocupam com a septenária revolução sobre o mundo³⁵ e se alimentem também na terra do alimento terrestre prescrito pela Lei. Quanto a nós, "Cristo foi imolado como nossa páscoa"[y] e recebemos o novo fermento de sua massa sagrada, fermentados e amassados com o poder muito mais eficaz de seu Espírito. Com a   (y) 1Cor 5,7

---

33. Cf. acima nota 14, páginas 100 s.

34. O tema do estender das mãos (ἔκτασις τῶν χειρῶν) foi muito apreciado pelos primeiros cristãos que nele viam realizada a figura de Moisés que tinham os braços abertos sobre o monte (Ex 17,11 s.) e a profecia de Isaías 65,2: "Todo o dia estendi meus braços para um povo incrédulo e rebelde". Logo, o estender das mãos se tornou uma expressão habitual para designar a crucificação (cf. Pseudo-Barnabé, *Epístola*, 12, 4; Justino, *I Apologia*, 35, 3; *Diálogo* 97, 2; Ireneu, *Adv. Haer.*, IV, 55, 2; *Demonstração*, 79). Particularmente próximo ao nosso texto é o escrito de Hipólito inspirado em Isaías 31,5 e Apocalipse 12,14: "Estendendo as mãos sobre a cruz, ele abriu as duas asas, a direita e a esquerda, chamando para si todos os fiéis nele e protegendo-os como um pássaro, com as próprias asas" (Hipólito, *De antichristo*, 61).

35. O homiliasta parece aludir ao simbolismo astral dos sete dias dos ázimos. Nesse caso, "a septenária revolução sobre o mundo" seria a das sete esferas planetárias das quais se acreditava derivar as estações, os fenômenos atmosféricos e a fecundidade da terra. Esse simbolismo é amplamente desenvolvido por Fílon (*De opificio Dei*, 100-119, especialmente 113), também em conexão com a festa dos ázimos (*De decalogo*, 161). Na base de tudo está naturalmente o simbolismo da semana da criação: cf. ainda Fílon, *De opificio*, 89 ss.; *Leg. All.*, I, 15; *De posteritate*, 64; *Quod deus*, 11.

massa de tal fermento fermentei o próprio Reino dos céus como três medidas de farinha[z, 36].

(z) Mt 13,33; Lc 13,20-21

(a) Ex 12,44

[40] 70. Por isso, *o forasteiro não comerá*[a] desta páscoa: de fato, não jogarei "pérolas aos porcos", nem darei "as coisas santas aos cães"[b, 37]. Pelo contrário, aquele que antes era escravo do pecado se circuncide no coração e assim, liberto da amarga servidão, poderá se aproximar do mistério com a devida dignidade e, uma vez livre, comer livremente a páscoa: "De fato Cristo nos resgatou" da escravidão e "da maldição da Lei, tornando-se por nós ele mesmo maldição"[c].

(b) Mt 7,6

(c) Gl 3,13

(d) Ex 12,46

[41] 71. *Será consumida em uma única casa e não levareis para fora nada das carnes*[d]: de fato, uma é a sinagoga e uma é a casa, isto é, a única Igreja, na qual se recebe o sagrado Corpo de Cristo. Por isso não se levarão as carnes para fora daquela única casa que é a Igreja e quem dela comer em outro lugar será punido como ímpio e ladrão[38].

---

36. O sentido do texto grego é incerto pelo desaparecimento de algum elemento da frase.

37. Se o vizinho de casa, do texto de Êxodo 12,4, designa o gentio chamado a fazer parte do banquete pascal, o forasteiro de Êxodo 12,43-44 é, na verdade, o pagão indigno de participar dos mistérios cristãos. Contudo, também para ele há a possibilidade de se circuncidar, isto é, de receber o batismo, e assim se aproximar da páscoa.

38. Na catequese primitiva, o simbolismo eclesiológico da páscoa está fundamentado sobre essa prescrição do Êxodo. Que o cordeiro pascal deva ser comido em uma única casa significa que a Igreja é única, fora dela, como já dizia Inácio de Antioquia, não existe eucaristia válida (INÁCIO DE ANTIOQUIA, *Smir.*, 8, 1; *Filad.*, 4). Os ímpios e ladrões que levam as carnes de Cristo para fora da única Igreja são os heréticos. Escreve Afraates, o Sírio: "Esta casa é a Igreja de Deus, que é única. Quem são os mercenários e os estrangeiros senão os sequazes dos dogmas diabólicos, aos quais não é lícito comer a páscoa?" (*Demonstratio* XII *De paschate*, 9).

[42] 72. *A lei será a mesma* para o liberto e *para o prosélito*[e, 39]: onde está Cristo, aí há liberdade, paridade de direitos em tudo, nos deveres e nas honras. Todos foram *comprados com o sangue precioso*[f]. Por isso *não és mais escravo*, nem judeu, mas liberto[g]. Tornamo-nos todos livres em Cristo.

(e) Ex 12,49
(f) 1Pd 1,19
(g) Gl 3,28; 4,7

---

39. O *prosélito* é de novo o gentio convertido que é equiparado em tudo ao judeu, segundo a doutrina de Paulo.

SEGUNDA PARTE
A PÁSCOA CRISTÃ: A ECONOMIA DE CRISTO

[43] 73. Portanto, ouve, ouve após as figuras e a economia da Lei, como e quão grande é a economia inaugurada pela vinda de Cristo[1].

[44] 74. O que é a vinda de Cristo?
Libertação da escravidão,
livramento da antiga necessidade[2],
início da liberdade,
honra da adoção,
fonte da remissão dos pecados,
verdadeira vida imortal para todos.

---

1. O texto proposto por mim se destaca neste ponto do texto da edição de Nautin: cf. a esse propósito o que escrevi in: *L'Omelia "In s. Pascha"*, 418.

2. Segundo o gnóstico Teódoto (*Extratos*, 76, 1), "o nascimento do Salvador nos arrancou do devir e do destino (εἱμαρμένη)... e sua paixão da paixão". O homiliasta parece reforçar esse esquema afirmando que a vinda de Cristo no libertou da antiga necessidade (ἀνάγκη) e que "com sua paixão nos libertou da paixão" (§ 92). O *destino* do qual somos libertos pelo nascimento de Cristo, bem conhecido pela grecidade, é o dos astros; para o homiliasta porém, ele é também o da Lei mosaica, definida como "jugo de necessidade" (§ 29). A paixão da qual fomos libertos indica para o homiliasta "a paixão causada pelo comer" (§ 92), isto é, a consequência do pecado livre e histórico do ser humano; para Teódoto é a paixão mítica derivada das vicissitudes do éon *Sophia*.

A encarnação: Cristo Deus e homem[3]

[45] 75. Vendo-nos do alto, tiranizados pela morte, livres e ao mesmo tempo ligados pelos vínculos da corrupção, encaminhados sem volta para a estrada que não tem retorno, ele desceu e assumiu <o corpo> daquele que foi o primeiro a ser modelado, conforme o querer do Pai.

Não depositou sobre um anjo ou um arcanjo o ônus de nossa salvação, mas ele mesmo, o Verbo, assumiu inteiramente sobre si o combate por nós, obedecendo a uma ordem do Pai[4].

76. Sendo, porém, o Espírito divino inacessível ao universo em seu estado puro, para que todas as coisas não sofressem pela irrupção descomedida do Espírito, eis que ele mesmo, espontaneamente contraindo-se em si mesmo, juntando e concentrando em si a divindade em toda a plenitude, apareceu nas dimensões que ele mesmo quis[5].

---

3. A páscoa cristã nos é apresentada, nesta segunda parte da homilia, conforme a concepção clássica da catequese primitiva, como memória litúrgica de todo o mistério cristológico e de toda a redenção: da encarnação à ascensão ao céu, passando pela paixão, morte e ressurreição (cf. a Introdução, páginas 24 ss.).

4. A mesma reflexão lê-se na *Haggadá* pascal judaica, a propósito da redenção do êxodo: "Deus nos conduziu para fora do Egito: não por meio de um anjo, não pela mão de um serafim e nem pela mão de um enviado, mas ele mesmo, o Santo, com sua Majestade" (BONFIL, R., *Haggada di Pésach*, 61). A fonte parece ser Isaías 63,9: "Não um mensageiro, ou um anjo, mas o Senhor em pessoa os salvou por causa de seu amor".

5. Este texto importante foi por vezes deixado de lado. A contração (συστολή) do Espírito divino que se faz carne não possui nada em comum com a expansão e a contração da substância divina de que fala certo texto modalista, nem com a *systolé* dos estoicos. Com linguagem popular, nela é expresso um tema cristológico extremamente profundo: a impossibilidade de contemplar a natureza divina em seu estado puro e, consequentemente, a necessidade do assumir da carne, como uma espécie de véu e de escudo, para tratar com os seres humanos. Cf. o mesmo conceito in: PSEUDO-BARNABÉ, *Epistola*, 5, 10; *Odes de Salomão*, 7, 3-6; IRENEU, *Adv. Haer.*, IV, 28, 1; ORÍGENES, *De principiis*, I, 2, 8; EFRÉM, O SÍRIO, *Hymni de crucifixione*, III, 6 (CSCO,

Ele não foi diminuído em si mesmo, nem danificado, nem subtraído em glória; mas por meio da onipotência do Pai, sem perder aquilo que tinha, assumiu o que não possuía[6], e veio na grandeza com a qual podia ser compreendido.

77. Era também necessário que houvesse igualmente um receptáculo do Espírito divino, para que <......>[7] participasse da natureza e da

---

249, Louvain, 1964, 41). Particularmente semelhante é o seguinte texto gnóstico: "O Filho Unigênito [...] sabendo [...] que os mortais aterrorizados estariam sujeitos à destruição, sobrecarregados pela grandeza e pela glória de seu poder, desce contraindo a si mesmo (συστείλας, assim como no texto do homiliasta) como um potente raio em um corpo muito pequenino, ou melhor, como a luz da vista encerrada sob as pálpebras..." (in: HIPÓLITO DE ROMA, *Refutatio*, VIII, 10, 3). Com razão Celso atribuía aos cristãos a seguinte explicação da encarnação: "Porque Deus é grande e difícil de contemplar, introduziu o seu próprio Espírito em um corpo semelhante ao nosso e o enviou aqui embaixo, para que pudéssemos escutá-lo e ser ensinados por ele" (in: ORÍGENES, *C. Celsum*, VI, 69).

6. Do ponto de vista da precisão teológica, sem dúvida essa é a proposição mais elaborada de toda a homilia, tanto que alguém a considerou uma interpolação posterior (M. Richard). Pode-se, contudo, documentar que esse axioma nasceu ao longo do século II, na polêmica com os gnósticos e contra aqueles que concebiam a encarnação como uma metamorfose da divindade (como Celso; cf. ORÍGENES, *C. Celsum*, IV, 14). Tertuliano (*De carne Christi*, 3, 4-5) escreve contra Marcião: "Não podes sustentar que se tivesse nascido e tivesse realmente se revestido de homem [o Verbo] teria deixado de ser Deus, perdendo aquilo que era para se tornar aquilo que não era"; Orígenes (*De principiis*, I, *praef.* 4): "Tendo se tornado homem, permaneceu aquilo que era, ou seja, Deus". Outro testemunho muito antigo e explícito se encontra no *Fragmento XIV* de Melitão (cf. Apêndices, páginas 154 s.), no qual se vê como está na raiz da afirmação a célebre passagem de Filipenses 2,6-7: o Verbo na forma de Deus e na forma de servo.

7. Traduzindo ao pé da letra, teríamos: "para que os primeiros [...] participassem da natureza e da substância humana". Devem ter desaparecido uma ou mais palavras após "os primeiros" e que constituíam o sujeito da frase. Pelo contexto parece ser necessário supor que este fosse o Espírito divino, designado no plural com uma das perífrases tão caras ao autor (cf. § 1: os raios do Espírito; § 8: as auroras do Espírito divino; § 76: as irradiações do Espírito). O sentido geral é bastante claro. Era necessário que o Espírito divino se revestisse com um corpo para que Cristo pudesse dizer-se realmente

substância do homem. [Por isso,] filtrando e recolhendo, secretando e descartando tudo aquilo que pudesse existir de supérfluo e de turvo, tornando, pelo contrário, brilhante, fúlgido, esplendoroso, luminoso como o fogo, florescente e virginal e – por assim dizer – angélico tudo que já houvesse de puro, transparente e límpido, modelou-se corporalmente à imagem de homem, conservando sua origem espiritual e assumindo a forma corporal[8].

participante da natureza humana. – Mais uma vez deve-se constatar a surpreendente afinidade linguística com o gnóstico Teódoto que escreveu: "Jesus (= a substância espiritual ou Éon Salvador) considerou se revestir de Cristo (= a substância psíquica humana) [...]. Mas também este Cristo psíquico que revestiu era invisível: mas era necessário que este que vinha ao mundo, afim de ser visto, considerado e viver como os demais, tivesse também um corpo sensível; por isso lhe foi tecido um corpo de substância psíquica invisível, que entrou no mundo visível pelo poder da divina preparação" (*Extratos de Teódoto*, 59, 2-4). A diferença essencial entre o homiliasta e a gnose está no fato de que o primeiro admite um único e real revestimento que dá lugar a uma verdadeira encarnação a partir de Maria; o segundo, pelo contrário, apresenta diferentes revestimentos sucessivos (pelo menos três) e degradantes a partir do mundo do espírito rumo ao mundo da matéria, revestimentos exteriores mais aparentes (docetismo) que reais, na medida em que, como se especifica, "ele é diferente dos elementos que assumiu" (ibid., 61, 1).

8. A descrição da encarnação procede conforme certo esquema lógico. Após ter apresentado o sujeito que se encarna, o Espírito divino do Verbo, o homiliasta passa agora a tratar do corpo humano em que o Verbo se encarna. Em primeiro lugar, é de se notar que o autor, seguindo uma tradição muito antiga, concebe a descida do Verbo no corpo como *autoencarnação*: é o próprio Verbo que forma seu corpo (cf. também MELITÃO, *Fragm.*, *XIV*, páginas 154 s.). Na descrição das qualidades do corpo humano de Cristo, percebe-se uma tendência encrática, aqui de sabor gnóstico, de que se falou acima (cf. nota 30, página 107). O desejo de uma carne de Cristo filtrada e quase angelizada não implica, entretanto, uma verdadeira adesão ao docetismo gnóstico, apesar das afinidades linguísticas com Teódoto (cf. *Extratos*, 47, 2-4) e com outras fontes gnósticas do período. O homiliasta atribui, de fato, uma função soteriológica específica à carne de Cristo (cf. § 89) e fala de uma salvação cósmica, ou seja, uma salvação que se estende também ao universo material. A razão de seu curioso escrúpulo na apresentação da carne de Cristo deve ser buscada na polêmica antignóstica de então. Os gnósticos tiravam motivação das ignomínias ligadas à gestação e ao nascimento para negar que Cristo tivesse tomado uma verdadeira carne humana no seio de Maria. A maioria dos autores não se

78. Eis por que a Escritura o designa de modo misterioso por meio das palavras: "Eis um homem, seu nome é Oriente"ª: *Oriente* enquanto Espírito, *homem* enquanto está em um corpo⁹. De fato, é dito: "O Espírito do Senhor¹⁰ descerá sobre ti e o poder do Altíssimo te cobrirá, por isso o santo que nascerá será chamado de Filho do Altíssimo"ᵇ.

(a) Zc 6,12

(b) Lc 1,35

Considerando o caráter milagroso e divino de seu nascimento, não há do que se maravilhar se também o Espírito tenha exclamado cheio de admiração: "Quem poderá explicar a sua geração?"ᶜ,¹¹.

(c) Is 53,8

---

deixaram intimidar por essa objeção, sentida de modo muito particular pelos antigos, mas aceitando com extremo realismo a carne de Cristo com todas as presumidas *spurcitiae* que escandalizavam Marcião, aduzindo como motivação que "Cristo amou o homem como ele é: o homem que se forma entre as ignomínias do útero. Com o homem, amou também do modo como veio ao mundo" (Tertuliano, *De carne Christi*, 4, 1-3). Mas alguns escritores eclesiásticos – como o homiliasta e Clemente de Alexandria – acolhem em parte a instância gnóstica e atribuem a Cristo uma carne mais pura e diferente da carne comum, mesmo se verdadeiramente humana e nascida de Maria.

9. Para o título de Cristo *Oriente* ou *Aurora* (*anatolé*), cf. a nota 12, página 86. Após ter explicado quem é que se encarna, o homiliasta continua com uma bela afirmação da dupla realidade de Cristo. "Espírito e corpo" é o binômio com que é expressa habitualmente a dupla natureza de Cristo (cf. também o § 77: origem *espiritual* – forma *corporal*; § 88). Esse esquema deriva de Romanos 1,3-4 (segundo a carne – segundo o Espírito) e esteve no auge no século II fora do mundo judaico em que "corpo" era mais compreensível que "carne" como designação da realidade humana. Esse esquema é usado também por Melitão (*Peri Pascha*, 66) e é o esquema cristológico conhecido por Celso (Orígenes, *C. Celsum*, VI, 69, 77). O esquema se alterna com outro mais explícito: Deus e homem (§§ 86.88) e com aquele joanino: Verbo – carne (apologistas e Ireneu).

10. Espírito *do Senhor*, em vez de Espírito *Santo*, que é a leitura mais comum. Trata-se de uma variante testemunhada também em Justino (*Diálogo*, 100, 5), em Orígenes (*Hom. in Num.*, 27, 2) e em outros autores, talvez ligada ao tema da autoencarnação do Verbo; este, de fato, é frequentemente chamado no século II de "Espírito de Deus" ou "Espírito do Senhor".

11. O sentido originário hebraico do termo *geração* é incerto (a sua *causa*, ou a sua *geração*?), mas em todo caso não se referia certamente ao *nascimento*. A tradição cristã fez disso um *testimonium* da misteriosa origem de

[46] 79. São quatro os principais títulos divinos pelos quais o Espírito divino é reconhecido: *Senhor, Deus, Filho* e *Rei eterno*. Portanto, podes ver se ele foi ou não considerado digno de receber tais prerrogativas e tais honras[12].

(d) Sl 110,1

80. Em primeiro lugar, observa como ele é *Senhor*: "O Senhor disse ao meu Senhor: Senta à minha direita"[d].

(e) Sl 89,27
(f) Sl 2,7-8

81. Viste que ele é Senhor, vê também como é *Filho*: "Ele me chamará de Pai e eu o constituirei Primogênito"[e]; e ainda: "Tu és meu Filho, eu hoje te gerei. Pede-me e eu te darei em herança as nações"[f].

82. Vê como ele é Filho, Primogênito e Unigênito; mas observa como é também *Deus*: "Homens potentes virão a ti e te adorarão, prostrar-se-ão e seguirão acorrentados; de fato tu és Deus, pois em ti está Deus"[13].

83. Observaste como ele é Deus, agora vê que é também *Rei eterno*: "O teu trono, ó Deus, de era em era, cetro de equidade é o cetro do

---

Cristo, aplicando-o ora à geração eterna do Pai, ora, como é o caso deste texto, à sua geração milagrosa de Maria.

12. Os §§ 79-87 desenvolvem uma demonstração original do tema antignóstico: Cristo é Deus e ao mesmo tempo homem (a intenção foi declarada explicitamente no § 86). A demonstração que Cristo é Deus se desenvolve assim: nas Escrituras, ao Verbo encarnado são atribuídos quatro títulos (que no decorrer da demonstração se tornam seis): *Senhor, Filho* (de Deus), *Deus, Rei eterno, Senhor dos poderes, Sacerdote eterno*. O autor faz essa demonstração aduzindo para cada título um texto bíblico (quase todos *testimonia* tradicionais). Entretanto, esses títulos são prerrogativa do "Espírito divino", isto é, da natureza divina (esse é o sentido da frase inicial), e, por isso, demonstram a presença em Cristo da divindade.

13. Este texto de Isaías 45,14-15 teve uma importância notável na cristologia do século II. Trata-se de um trecho que faz parte de uma coleção de *testimonia* bíblicos sobre a divindade de Cristo. Isso é demonstrado pelo fato de que é citado, com a mesma intenção, pelos noecianos (HIPÓLITO, *C. Noetum*, 2), por Tertuliano (*Adv. Praxean*, 13, 2) e por Cipriano em sua coleção de *Testimonia* (*Testim.*, II, 6). No texto judaico "em ti" significava "em Jerusalém" e não poderia ter sido interpretado "em Jesus Cristo" se não fosse lido separadamente do contexto, como todos os *testimonia*.

teu reino. Tu amaste a justiça e odiaste a iniquidade, por isso esse Deus te ungiu, o teu Deus, com o óleo de júbilo, em detrimento de seus companheiros"ᵍ. (g) Sl 45,7-8

84. Viste que é Rei, vê agora como, além de ser Rei, é também *Senhor dos poderes*: "Elevai-vos portas eternas e o Rei da glória entrará. Quem é esse Rei da glória? O Senhor dos poderes, ele é o Rei da glória"ʰ. (h) Sl 24,9-10

85. Além de Rei e Senhor dos poderes, vê como, dentre outras coisas, ele é também *Sacerdote eterno*: "O Senhor jurou e não se arrependerá: Tu és Sacerdote eternamente"ⁱ. (i) Sl 110,4

86. Se ele é Senhor, Deus, Filho, Rei, Senhor dos poderes e Sacerdote eterno, quando quer "é também *homem* e quem o poderá conhecer"[14]? Se é "também homem", está claro e subentendido que é também Deus.

87. E para que alguém não creia, segundo a opinião de alguns, que ele tenha vindo à terra por si, sem ter nascido, como um fantasma ou um espírito[15], escuta como ele se fez menino: "Escutai casa de Davi: Não vos basta cansar os homens, senão que quereis cansar também a Deus? O Senhor mesmo, portanto, vos dará um sinal: Eis que uma Virgem conceberá em seu seio e dará à luz um filho

---

14. A demonstração da humanidade de Cristo é feita citando o texto de Jeremias 17,9: um antigo *testimonium* utilizado de modo idêntico por Ireneu (*Adv. Haer.*, III, 18, 3; IV, 33, 11), por Tertuliano (*De carne Christi*, 15, 1; *Adv. Marc.*, III, 7,6) e por Cipriano (*Testim.*, II, 10). Seu sentido originário era: "O coração é mais complicado do que todas as coisas e perverso; quem poderá escrutá-lo?". O diferente significado com que ele é interpretado pelos autores cristãos se tornou possível pela Septuaginta que leu *enos* (homem), no lugar de *anus* (imperscrutável) (cf. JERÔNIMO, *In Ier.*, III, 74).

15. Alusão à doutrina de Marcião segundo a qual Cristo não havia nascido de Maria, mas aparecido diretamente na idade adulta, como um fantasma, isto é, sem um corpo humano real. Entretanto seria possível perceber nisso também uma alusão à doutrina comum aos ebionitas, adocionistas e gnósticos valentinianos, segundo a qual o Espírito divino desceu sobre o homem Jesus somente no momento do batismo no Jordão (A. Orbe).

(j) Is 7,13-14

(k) Is 9,4-5

e o chamarão Emanuel"[j]. E ainda: "Teriam desejado ser queimados. Pois um menino nasceu para nós; sobre seus ombros está o principado e seu nome será anjo do grande conselho, conselheiro admirável, Deus forte, príncipe da paz, pai da era futura"[k].

[47] 88. Deus e homem ao mesmo tempo, é assim que esse grande Jesus veio entre nós; que ninguém rejeite crer nele, e o Espírito soberano[16] foi contido dentro de um corpo de homem[17]. E, de fato, também nos primórdios Adão, enquanto ainda era terra e barro, recebeu o místico sopro do Pai[l]. O Espírito divino, com efeito, não é diminuído se, pelo querer de Deus, se une a um corpo. Portanto, assim como a argila primitiva contém o sacro Espírito, do mesmo modo um corpo dotado de alma conteve a vida imortal de Cristo[18].

(l) Gn 2,7

---

16. O texto grego torna possível também a tradução *Espírito principal*, no sentido de Espírito do Pai, com uma referência ao Salmo 50,14 (A. Orbe). A exegese "trinitária" do Salmo 50,14 encontra-se em IRENEU (*Adv. Haer.*, III, 17, 2) e em ORÍGENES (*Hom. in Ier.*, VIII, 1; *Comm. in Rom.*, 7, 1). Entretanto, neste contexto essa exegese parece-me improvável.

17. Comparação destinada a ter grande sucesso e a ser fonte de grandes controvérsias na história da cristologia: como no início, em Adão, o "sopro de vida" se uniu ao barro para formar o homem, assim em Cristo o "Espírito divino" se uniu à humanidade. Reencontraremos essa comparação em Ireneu, bastante similar na estrutura e que permite pensar em uma matriz comum, mas bastante diferente na terminologia para considerar os dois textos como independentes entre si: "Vãos são também os ebionitas, que recusam acolher por fé em suas almas a união entre Deus e o homem [em Cristo] [...]. Eles não consideram que, assim como no início de nossa formação em Adão o sopro de vida saído de Deus unindo-se ao que havia sido modelado [a partir da terra] animou o homem e o fez aparecer como animal racional, assim também nos últimos tempos o Verbo do Pai e Espírito de Deus, unindo-se à antiga substância modelada de Adão, tornou o homem vivente e perfeito, capaz de compreender o Pai perfeito" (*Adv. Haer.*, V, 1, 3). Note-se como também Ireneu – assim como o homiliasta – usa *Espírito de Deus* como sinônimo de *Verbo do Pai*.

18. A relação entre divindade e humanidade (o autor diz entre *Deus* e o *homem*) é vista como uma relação de *continente* e *conteúdo* (cf. também § 77: o corpo humano de Cristo chamado de *receptáculo do Espírito*). Estamos ainda na fase embrionária do problema da união hipostática, atestada pelo Pseudo-

89. Se ao menos o espírito estivesse no pecado e na escravidão da morte, tal vinda solene [de Jesus] com o corpo teria sido supérflua, porque nesse caso [o corpo] não teria sido submetido nem ao pecado nem à morte. Em vez disso, era necessário que o pecado fosse vencido e assim o corpo fosse liberto[19]. Por esta razão, "ele não cometeu pecado nem se achou engano na sua boca"[m]. (m) Is 53,9

[48] 90. Ele se revestiu, portanto, daquele primeiro corpo decaído e morto e é por esse motivo que o Espírito exclama a respeito dele: "Ele não tem beleza, não tem esplendor; nós o vimos e não tinha forma, nem beleza, mas sua aparência era sem honra e abandonado mais do que todos os filhos dos homens"[n, 20]. De fato, "em semelhança da carne do pecado, mas sem pecado, ele condenou o pecado na carne"[o], mostrando que "os sãos não precisam de médico, mas sim os doentes"[p].

(n) Is 53,2-3

(o) Rm 8,3

(p) Lc 5,31

91. Assim, ele curou as suas enfermidades do corpo de cada um de nós e curou-o de todas as doenças com a autoridade do seu poder, para que se cumprisse a palavra: "Eu, o Senhor Deus, te chamei em justiça; eu tomarei tua mão direita e te fortalecerei. Eu designei a ti como Aliança do meu povo, como a luz dos povos para abrir os olhos dos cegos, para libertar os prisioneiros das cadeias e do

---

Barnabé (7, 3; 11, 9) que chama o corpo de Cristo de "recipiente do Espírito", e por Hermas, que define a carne como a *habitação* do Espírito (*Pastor, Sim.*, V, 6, 5). A dupla natureza de Cristo, Deus e homem, é neste período muito mais importante para a luta contra os gnósticos do que a afirmação de sua unidade pessoal, que virá a ser afirmada mais tarde.

19. O esquema cristológico *Espírito – corpo* encontra aqui sua aplicação soteriológica imediatamente como em Melitão (*Peri Pascha*, 66): Jesus é *Espírito* e *corpo* para com o Espírito redimir o espírito e com o corpo sanar o corpo do homem caído.

20. O homiliasta recai aqui nos limites da tradição depois de ter passado por certa lembrança do gnosticismo ou do encratismo na descrição da encarnação (ver § 77). Não só o corpo de Cristo não é de natureza etérea nem de carne "angelical", mas é um corpo decaído e sujeito à corrupção como aquele que todo homem herda de Adão. O homiliasta aplica o texto de Isaías 53,2-3 à encarnação (e não apenas ao momento da paixão), mostrando que aceita a tradição muito difundida na época antignóstica da não beleza física de Cristo.

cativeiro aqueles que estão sentados nas trevas. Eu, cujo nome é Senhor Deus"^q. "Ouvi, ó surdos, a palavra do livro: para aqueles que estão sentados nas trevas, uma luz raiou"^r. "Então o coxo saltará como um cervo e as línguas dos mudos será solta"^s. E depois de todo o mal ter sido abolido, "o último inimigo, a morte, será destruído na vitória. Onde está o teu aguilhão, ó morte?"^t.

(q) Is 42,6-8
(r) Is 29,18
(s) Is 35,6
(t) 1Cor 15,26.55

A paixão

[49] 92. Esta foi a *páscoa* que Jesus quis *padecer* por nós[21]. Com a Paixão ele nos libertou da paixão; com a morte venceu a morte e através do alimento visível nos deu sua vida imortal. Este foi o desejo salvífico de Jesus, este foi o seu amor inteiramente espiritual: mostrar as figuras por figuras e dar, em seu lugar, o seu Corpo sagrado aos discípulos: "Tomai, comei: este é o meu Corpo. Tomai, bebei: este é o meu Sangue, a nova Aliança, que será derramado por muitos para o perdão dos pecados"^u.

(u) Mt 26,26-28; Lc 22,20; 1Cor 11,25

Por isso não é tanto *comer* [a páscoa] que ele desejava, mas sim *padecê-la*, para nos libertar da paixão que incorre ao comer[22].

---

21. A frase certamente contém uma alusão à conhecida equação: páscoa = Paixão (ver nota 11, página 99).

22. Temos finalmente a interpretação da frase de Jesus: "Desejei ardentemente comer esta páscoa convosco antes de padecer" (Lc 22,15) que o homiliasta anunciou diversas vezes (§§ 12 e 22). Para compreender a afirmação de que Cristo "não desejava *comer* a páscoa, mas sim *sofrê-la*" é preciso ter em mente a controvérsia debatida durante o século II entre os defensores da cronologia joanina da paixão e os defensores da cronologia sinótica, que aparentemente levou, ao que parece, à *acalorada disputa* de Laodiceia (ver Apêndices, página 148). Os quartodecimanos tradicionais (Apolinário de Hierápolis) e outros escritores seguidores da cronologia joanina (Hipólito de Roma) situavam a última ceia de Jesus no dia 13 de Nisan, já que ele morreu na tarde do dia 14 (cf. Jo 18,28), por isso foram obrigados a afirmar que a páscoa no dia 14, no ano da sua morte, Cristo não a comeu, mas a substituiu morrendo como o verdadeiro Cordeiro na cruz. É o que afirma, em nome dos quartodecimanos, Apolinário de Hierápolis (ver Apêndices, páginas 158s.) e, fora da Ásia Menor, Hipólito: "No ano em que Cristo morreu, ele não comeu a páscoa legal, pois ele próprio foi a páscoa pré-anunciada e realizada no tempo determinado" (*Fragmento* in: *Chronicon Paschale*: PG, 92, 80) e ainda: "Quan-

[50] 93. Por isso ele suplanta a madeira com a madeira e no lugar da mão perversa que foi estendida impiamente na origem, ele piedosamente deixa pregar sua mão imaculada e mostra sobre o madeiro toda a verdadeira Vida aí pendurada[23].

Tu, Israel, não pudeste dele comer; porém, nós, munidos de uma gnose espiritual indestrutível, dele comemos e, comendo, não morremos[24].

---

to à páscoa, ele não a comeu, mas padeceu-a. Na verdade, de fato aquele não era o tempo estabelecido [ou seja, o dia 13 de Nisan] para comê-la" (ibid.). Clemente de Alexandria defende o mesmo ponto de vista: "Em anos anteriores, o Senhor, celebrando a páscoa, comeu o cordeiro pascal imolado pelos judeus. Mas depois de ter pregado o Evangelho, sendo ele próprio a páscoa, o Cordeiro de Deus conduzido como uma ovelha ao matadouro, explicou aos discípulos o mistério da prefiguração e isto no dia 13 [...]. Foi, portanto, no dia seguinte que o nosso Senhor morreu, sendo ele mesmo a páscoa sacrificada pelos judeus" (*Fragmento* in: *Chronicon Paschale*: PG, 92, 81). A Última Ceia, na qual Jesus instituiu a Eucaristia, não foi, portanto, uma ceia Pascal para esses seguidores de João, ou foi apenas uma ceia apenas teologicamente e não *ritualmente* pascal.

23. Este é um dos textos em que melhor podemos ver o conceito subjacente da páscoa como um regresso às origens, ao estado paradisíaco (cf. CANTALAMESSA, R., La Pasqua ritorno alle origini nell'omelia pasquale dello Pseudo-Ippolito, *La Scuola Cattolica*, v. 95 (1967) 339-368). A cruz é vista – segundo uma tradição da qual temos aqui um dos testemunhos mais antigos – como uma nova árvore de vida; a mão estendida de Cristo na cruz é vista como um antídoto para a mão estendida para o fruto proibido. A série de paralelos continua discretamente até o final da homilia. Para o *testimonium* de Deuteronômio 28,66: a Vida pendurada no madeiro, ver nota 19, página 57 s.

24. Ao comer da árvore da vida no paraíso se opõe o comer eucarístico da nova árvore da vida, que é Cristo, da qual quem come não morre (Jo 6,50): Israel, não tendo acreditado (cf. § 52), privou-se deste novo alimento da vida. A *gnose espiritual indestrutível*, que permite ao cristão aproximar-se da nova árvore da vida, diferentemente da gnose do bem e do mal (Gn 2,17), é a iluminação que vem da fé. A mesma justaposição entre *gnose* e *vida* encontra-se na *Carta a Diogneto* (12,4-9).

A cruz, árvore cósmica[25]

[51] 94. Esta árvore é para mim de salvação eterna:
    dela me nutro,
    dela me alimento.
Em suas raízes afundo minhas raízes,
    em seus ramos me expando,
    com seu orvalho me inebrio,
    pelo seu espírito, como por um sopro delicioso, sou fecundado.

(v) Ct 2,3   Sob sua sombra eu plantei minha tenda[v]
    e encontrei abrigo do calor do verão.

95. Por suas flores eu floresço,
    eu me deleito com seus frutos até à saciedade,
    e colho livremente os frutos que desde as origens me foram destinados.
Esta árvore é alimento para minha fome,
    fonte para a minha sede,
    manto para minha nudez;
    suas folhas são o espírito da vida e não folhas de figueira[26].

---

25. Hino evocativo à cruz como árvore da vida e árvore cósmica, que encontra correspondência, dada a sua estrutura, no hino inicial a Cristo-Luz, no hino à Lei (§§ 26-31) e no hino final à páscoa (§§ 117-121). A concepção da cruz como árvore da vida e árvore cósmica está ligada a um simbolismo mágico-religioso muito vivo nos textos religiosos do antigo Oriente. Compare-se, por exemplo, o § 97 da homilia com o seguinte texto do *Veda* que fala da árvore cósmica: "Com teu topo sustentas o céu, com tua parte central preenches os espaços do ar; com teu pé consolidas a terra" (Çatapatha Brâhmana, III, 7, 1, 4; outras fontes em ELIADE, M., *Images et simboles*, Paris, 1952, 52-72). O mundo bíblico utilizou amplamente este simbolismo para descrever o poder de um rei ou de um império, em textos cujo eco se ouve claramente em nosso hino: Ezequiel 31,3-14; Daniel 4,7-9. Ainda mais próximo deste texto está uma passagem do livro apócrifo judaico de Enoque (*1 Enoque* 8, 1 ss.), em que, com imagens semelhantes, canta-se a árvore paradisíaca que aprofunda suas raízes no paraíso terrestre e tem sua copa cheia de frutos no terceiro céu.

26. Na queda, o homem perdeu o espírito de vida que era seu manto de santidade para revestir-se de folhas de figueira (Gn 3,7), símbolo e castigo da concupiscência (IRENEU, *Adv. Haer.*, III, 23, 5). A cruz inverte essa situação: o espírito de vida volta a ser a nova veste do homem que se despojou das fo-

Esta árvore é minha salvaguarda quando temo a Deus,
apoio quando vacilo,
prêmio quando combato,
troféu quando venço.

96. Esta árvore é para mim "o caminho apertado e o caminho estreito"[w]; (w) Mt 7,13-14
é a escada de Jacó,
é o caminho dos anjos
em cujo topo realmente está "apoiado" o Senhor[27].
Esta árvore de dimensões celestiais elevou-se da terra até o céu
fundamento de todas as coisas,
sustentáculo do universo,
suporte do mundo inteiro,
vínculo cósmico que mantém unida a instável natureza humana, fixando-a com os pregos invisíveis do Espírito, para que, ligada à divindade, não possa mais dela se separar[28].

---

lhas de figueira, isto é, do homem velho. Em tudo isso é clara a influência de Colossenses 3,9-10 e Efésios 4,23-24. A oposição entre o espírito da vida (ou Espírito Santo) e as folhas de figueira, aliada à metáfora da veste, teve uma longa presença no simbolismo primitivo. Hipólito escreveu sobre a nova Eva, a Igreja, simbolizada por Maria Madalena: "Ela já não usa folhas de figueira como roupa, mas está revestida do Espírito Santo" (HIPÓLITO, *In Canticum cant.*, 25, 5). A aplicação batismal é clara em Astério, o Sofista: "Já não se costuram folhas de figueira no paraíso, mas um manto púrpura foi tecido na água. Já não é a figueira que cobre, mas o Jordão que cobre com uma estola" (*Hom. in Psalmos*, XVI, 10: ed. RICHARD, M., 121). Gregório de Nissa, em uma homilia sobre o batismo de Cristo, escreveu: "Tu nos despistes das folhas de figueira, das vestes miseráveis, e nos revestistes com uma túnica gloriosa" (*In diem luminum*: PG, 46, 600 A).

27. A escada de Jacó, no topo da qual "estava apoiado o Senhor" (Gn 28,13), é vista como um símbolo da cruz, no topo da qual o Senhor verdadeiramente está apoiado, isto é, crucificado. A mesma comparação entre a cruz e a escada de Jacó é encontrada em autores contemporâneos, como Justino (*Diálogo*, 86, 2) e Ireneu (*Demonstração*, 45).

28. Os pregos, que fixaram materialmente Cristo na cruz, pregaram espiritualmente a humanidade à divindade, para que nunca mais possa se separar dela. Inácio de Antioquia expressa o mesmo pensamento: "Sei que fostes firmados em uma fé inabalável, como que *pregados na cruz de Cristo*, pela

97. Com a extremidade superior toca o céu,
    com os pés reconfirma a terra,
    segura por todos os lados, com braços sem limites, o espírito numeroso e intermediário do ar[29].

---

carne e pelo espírito, fixados pela caridade no sangue de Cristo" (*Smirn.*, 1, 1). O próprio Inácio chama os cristãos de "ramos da cruz" (*Trall.*, 11, 2).

29. Nesta celebração da cruz cósmica percebem-se vários motivos estoicos, como o do *Logos spermatikós* considerado como a causa da unidade e *sympatheia* ou coesão de todas as coisas; o do *Pneuma* que permeia o cosmos e é alma do mundo (cf. TERTULIANO, *Apol.*, 21, 10). Em suma, as funções do *Pneuma* estoico são transferidas para a cruz cósmica. Algo semelhante aconteceu no judaísmo helenístico, que aplicou as mesmas prerrogativas ao "Espírito do Senhor", de que se diz que "enche a terra e mantém todas as coisas unidas" (Sb 1,7). A cruz já não indica mais o instrumento material, mas – como diz um apócrifo da época – "o *Logos* estendido" em forma de cruz no universo (*Atos de Pedro*, 8). Essa espiritualização talvez tenha sido também uma defesa contra a acusação dos pagãos de serem os cristãos "adoradores da cruz", isto é, de uma coisa material (cf. TERTULIANO, *Ad nationes*, I, 12, 1). Mas a fonte principal deve ser procurada em Platão, que havia falado da alma do mundo como um "X" cósmico traçado no universo (PLATÃO, *Timeu*, 36b; cf. JUSTINO, *I Apol.*, 60, 1). Entre os temas estoicos e platônicos de um lado, e a cruz cósmica dos cristãos do outro, coloca-se como elo intermediário Fílon, que atribuiu as funções do *Pneuma* e do *Logos* gregos ao *Logos* bíblico. Ele escreveu: "O *Logos* do Deus eterno é o suporte mais sólido e firme de todas as coisas. Estendendo-se do centro até as fronteiras e do topo para o meio, ele prolonga o curso invencível da natureza, mantendo todas as suas partes unidas e ligadas" (*De plantatione*, 8). Ver também os textos citados na nota 28, página 106 s. e *Quis rer. div. heres.*, 188: "O *Logos* é a cola e o vínculo que preenche todas as coisas com a sua substância". A celebração da cruz como árvore cósmica, no campo cristão, não se limita ao nosso homiliasta, ainda que ele dê a formulação mais completa. Os vários temas são encontrados em sua totalidade em dois textos apócrifos do século II: o *Martírio de André* e os *Atos de João*. Transcrevo o primeiro texto, que tem afinidades mais acentuadas: "Salve, ó cruz! Conheço o mistério pelo qual foste plantada. De fato, foste fixada no cosmos para consolidar o que era instável. Uma parte de ti se eleva até o céu para apontar o *Logos* celeste. Outra parte de ti foi estendida para a direita e para a esquerda para pôr em fuga o terrível poder do inimigo e conduzir o universo à unidade. Uma parte de ti afunda na terra para unir às coisas celestes o que está na terra e o que está abaixo da terra. Ó cruz, instrumento de salvação do Altíssimo! Ó cruz, troféu da vitória de Cristo sobre seus inimigos! Ó cruz, que foste planta-

Ele estava em todas as coisas e em todos os lugares.
[52] E enquanto preenche de si mesmo todo o universo[x], (x) Sb 1,7
ele se despiu para competir nu contra os poderes do ar.

O combate cósmico

98. Por um instante ele grita para que se afaste o cálice, para mostrar que era verdadeiramente "também homem"[y]. Mas, lembrando-se do motivo pelo qual fora enviado e querendo cumprir o desígnio (*oikonomia*) para o qual foi enviado, acrescenta imediatamente: "Não a minha vontade, mas a tua vontade"[z]. Com efeito, "o Espírito está pronto, mas a carne é fraca"[a, 30].

(y) Jr 17,9

(z) Lc 22,42

(a) Mt 26,41

[53] 99. E porque ele travava uma batalha vitoriosa pela vida, eis que, em primeiro lugar, uma coroa de espinhos foi colocada sobre sua cabeça sagrada, como que para destruir toda a antiga maldição da terra e, com sua cabeça divina, limpar o terreno e o mundo cheio de sarças por causa do pecado[31].

---

da na terra e tens teu fruto no céu!" (*Martyrium Andreae prius*, 14). A tradição nascida de Efésios 2,13-17 via, simbolizados nos dois braços transversais da cruz, os dois povos, judeus e gentios, reunidos no sangue de Cristo (IRENEU, *Demonstração*, 34). Em vez disso, segundo a interpretação que o homiliasta tem em comum com o *Martírio de André* acima citado e com os *Atos de João* (§ 98), os braços transversais mantêm prisioneiros ou põem em fuga os espíritos malignos do ar.

30. Este parágrafo, que comenta o episódio da oração no Horto do Getsêmani, deveria estar entre os §§ 92 e 93. Não se exclui que tenha vindo parar aqui devido a uma transposição ocorrida na transmissão manuscrita.

31. Neste e nos parágrafos seguintes, uma visão grandiosa e profunda da redenção é delineada como uma repetição do drama original. Jesus é o novo Adão que repete de trás para frente, etapa por etapa, o caminho da perdição humana. Ele, obedientemente, estende sua mão para a cruz (§ 93) que se torna assim a nova árvore da vida (§§ 94 ss.); assume sobre si as consequências do pecado (os espinhos: § 99); faz fluir do seu lado os sacramentos, uma nova fonte de vida, em oposição a Eva, a portadora da morte (§ 100). Finalmente, uma vez anulada a maldição do pecado, todo o universo – por meio de uma espécie de agonia ou dores de parto que acompanham a agonia de Cristo (§§ 104-106) – é trazido de volta à sua pureza inicial, com o Espírito divino

(b) Jo 19,34

100. Tendo então bebido o fel amargo e ácido do Dragão, em troca fez fluir de seu seio para nós as suas doces fontes. Com efeito, querendo destruir a obra da mulher³² e se opor àquela que havia surgido nas origens, do lado [de Adão], como portadora de morte, eis que ele abre em si o seu lado sagrado de onde fluíram o sacro sangue e a água^b, iniciações às núpcias³³ espirituais e místicas, sinais de

---

que volta a pairar sobre ele (§§ 106-107). Cf. meu artigo: La Pasqua ritorno alle origini nell'omelia pasquale dello Pseudo-Ippolito. Alguns detalhes dos §§ 99-100 sugerem a sua utilização por Cirilo de Jerusalém, que escreveu: "Adão recebeu a condenação: – A terra é amaldiçoada nas suas obras; ela produzirá espinhos e abrolhos. Por isso Jesus tomou sobre si os espinhos para tirar a maldição [...]. Uma mulher formada a partir da costela esteve na origem do pecado, mas Jesus que veio trazer a graça do perdão aos homens e mulheres teve seu lado traspassado em favor das mulheres, para apagar o seu pecado" (*Catech.*, XIII, 18: PG, 33, 793 C, 800 A).

32. Esta frase é uma citação do *Evangelho dos Egípcios*. Em um fragmento preservado por Clemente de Alexandria lemos esta declaração colocada nos lábios de Cristo: "Vim destruir as obras da mulher" (*Strom.*, III, 63). O fato é muito significativo para a datação da homilia, pois esse apócrifo de tendências encráticas foi desacreditado e banido como herético já no início do século III, como testemunha Orígenes (*Hom. in Lc.*, in: GCS, Orig., IX, 4-5). Se o autor da homilia tivesse escrito depois dessa data, dificilmente teria podido citar esse apócrifo num momento tão solene da liturgia. Sabe-se, porém, que o escrito gozou de grande popularidade mesmo nos círculos eclesiásticos durante o século II.

33. São Paulo (Ef 5,25-27) fala que Cristo, através da água do batismo, purifica a sua Igreja, para que ela possa aparecer diante dele como uma noiva imaculada, sem ruga nem mancha. São João, por sua vez, diz que Cristo "nos purificou dos nossos pecados pelo seu sangue" (Ap 1,5). Tudo isto é expresso pelo homiliasta mediante uma comparação tácita com os costumes religiosos que acompanhavam o casamento entre os gregos. "As iniciações nupciais" (τὰ τέλεια τῶν γάμων) era uma expressão técnica para indicar os ritos e sacrifícios que precediam as núpcias (PLATÃO, *Leis* VI, 774e – 775a; PÓLUX, *Onomast.*, 3, 38). A cerimônia mais importante era o *banho nupcial* em água sagrada, ao qual a noiva se submetia na véspera do casamento. O homiliasta dá-nos assim a sua interpretação do tema bíblico do batismo como "banho nupcial" da Igreja (cf. CASEL, O., Le bain nuptial de l'Église, *Dieu Vivant*, v. 4 (1945) 43-49). Uma explicação semelhante sobre a água e o sangue que manaram do lado de Cristo é encontrada no fragmento de Apolinário de Hierápolis (ver Apêndices, página 159) e em Hipólito (*In Daniel*, I, 16, 2: a Igreja, na páscoa, "purifi-

adoção e regeneração. De fato, está escrito: "Ele vos batizará com o Espírito Santo e com fogo"ᶜ. *No Espírito* designa a água; *no fogo* indica o sangue. (c) Mt 3,11

[54] 101. Foram então crucificados com ele dois ladrõesᵈ, que eram símbolo dos dois povos³⁴. Deles, um se converte a melhores sentimentos; faz uma confissão clara e mostra piedade para com seu Soberano. O outro, porém, que é de dura cerviz, fica agitado; ele não mostra gratidão nem piedade por seu Senhor, mas persiste em seus antigos pecados. (d) Lc 23,33

102. Ou então, eles personificam as duas atitudes da alma³⁵. De fato, um deles converte-se dos pecados da sua vida passada e desnuda-se diante do seu Soberano e torna-se assim digno da benevolência e da recompensa que é fruto da penitência. O outro, porém, não tem desculpa, permanecendo impenitente e ladrão até o fim.

[55] 103. Quando o combate cósmico terminou e ele, tendo lutado, venceu em tudo e por todos, sem se exaltar como Deus, nem se deixar abater como homem, permaneceu como limite de todas as coisas, plantado como um troféu de vitória e trouxe em si um triunfo contra o inimigo³⁶.

---

cada é apresentada a Deus como uma noiva pura"). É possível vislumbrar no texto do homiliasta, como em filigrana, o simbolismo clássico: assim como do lado de Adão adormecido saiu Eva, a esposa "portadora de morte", do mesmo modo, do lado de Cristo, imerso no sono da morte, saiu a Igreja, a nova esposa que doa a vida com a água do bastimos (cf. TERTULIANO, *De anima* 43, 10). A expressão "núpcias espirituais" (*pneumatikós gamos*) nesse período é também corrente entre os gnósticos: cf. IRENEU, *Adv. Haer.*, I, 21, 3: "Chamam-se núpcias espirituais aquelas que se celebram em imitação das uniões celestes".
34. O povo judeu e o povo dos gentios.
35. As duas atitudes que o homem pode assumir depois de ter pecado: a da conversão ou a da obstinação.
36. Mais dois temas ligados à ideia da cruz cósmica: a cruz *fronteira cósmica* e a cruz *troféu*. A cruz de fronteira, ou divisória, de todas as coisas se origina em 1 Coríntios 1,18 (a cruz como poder de Deus para os salvos e loucura para os réprobos); dessa interpretação soteriológica passa-se voluntariamente – primeiro nos textos gnósticos e, na sua esteira, em alguns autores

104. Naquela ocasião o universo ficou surpreso diante da tenacidade de sua resistência. Os céus foram abalados; os poderes, os tronos e as leis celestes tremeram ao verem o Arquiestratego da grande milícia pendurado. Faltou pouco para que também os astros do céu, contemplando estendidos aquele que é antes da estrela da manhã, quase caíssem. Por um tempo até a chama do sol se apagou, vendo obscurecer-se a grande luz do mundo.

(e) Mt 27,51

105. Então as pedras[e] da terra se quebraram para gritar a ingratidão de Israel: "Tu não reconheceste *a Pedra espiritual que te seguia e da qual bebeste*"[f]. O véu do templo rasgou-se[g] em sinal de compaixão e para designar o verdadeiro sacerdote celeste[37].

(f) 1Cor 10,4; Ex 17,6
(g) Mt 27,51; Lc 23,45

106. Todo o universo estava prestes a cair no caos e a dissolver-se pelo assombro diante da paixão, quando o grande Jesus emitiu o seu Espírito divino exclamando: "Pai, entrego o meu Espírito em tuas mãos"[h]. E eis que, no momento em que todas as coisas foram agitadas por um tremor e perturbadas pelo medo, imediatamente,

(h) Lc 23,46

---

eclesiásticos – para uma interpretação ontológica: a cruz que divide o mundo da luz (*Pleroma*) do mundo das trevas (*Kenoma*), o mundo espiritual do sensível: "A cruz é o sinal do Limite do *Pleroma*, pois separa os fiéis dos infiéis, como o Limite separa o mundo do *Pleroma*" (*Extratos de Teódoto*, 42, 1). A concepção da cruz cósmica é outro daqueles pontos em que o homiliasta mostra certa propensão para o gosto e a terminologia gnóstica difundida na literatura apócrifa do século II (cf., por exemplo, o texto gnóstico sobre a cruz em IRENEU, *Adv. Haer.*, I, 3, 5 a ser comparado com o § 96 da homilia). A doutrina da *Cruz-vínculo* cósmico (ver nota 29, página 126 s.) e a da *Cruz-divisória de todas as coisas*, aparentemente contraditórias, encontram-se colocadas lado a lado e são desenvolvidas extensamente em Fílon, que também aplica esta última ao *Logos* (cf. a longa discussão sobre o *Logos-divisor* em Quis rer. div. heres., 130-235). – Sobre a cruz *tropaion*, troféu (também § 95), ver o texto paralelo do *Martírio de André* (citado na nota 29) e Justino (*I Apol.*, 55, 3). A imagem deduzida da linguagem militar é preservada no hino à cruz de Venâncio Fortunato: "Super crucis *trophaeo* dic triumphum nobilem" (*Pange lingua*).

37. Segundo Melitão é um anjo que rasga o véu do templo em sinal de luto como se fosse a sua própria veste (ver nota 43, página 73). Neste texto talvez esteja contida uma alusão a Hebreus 9,11-12.

com o remontar do Espírito divino, como que reanimado, vivificado e consolidado, o universo reencontrou a sua estabilidade[38].

[56] 107. Ó divina expansão em todas as coisas e em todos os lugares!
Ó crucificação, que se estende por todo o mundo!
Ó único entre todos, que és verdadeiramente tudo em todas as coisas[39]!
Que os céus acolham o teu Espírito, o paraíso a tua alma – com efeito, ele diz: "Hoje estarei contigo no paraíso"[i] – e a terra o teu corpo[40]!

(i) Lc 23,43

---

38. Um dos aspectos mais característicos da homilia é a concepção cósmica do mistério pascal e da redenção: a páscoa é "um mistério cósmico e universal" (§ 40); "alma celeste de todas as coisas, sacra iniciação do céu e da terra" (§ 10); "solenidade cósmica, honra e alimento do universo" (§ 107); a paixão é "combate cósmico" (§ 103); seus destinatários não são apenas os seres humanos, mas "todas as coisas", "o universo inteiro" (§ 2), cuja salvação universal ele anuncia (§ 7). É nessa chave da redenção cósmica, e não do panteísmo estoico, que deve ser lido o § 105. Na encarnação, o Espírito divino torna-se um Espírito encarnado no corpo de um homem (§ 76). Na paixão este mesmo Espírito da humanidade de Cristo se estende a toda a humanidade e a todo o universo, tornando-se "Espírito que circula no universo". Aqui encontramos novamente a concepção característica dos quartodecimanos, segundo a qual a efusão do Espírito, mais do que com a ressurreição, é colocada em relação com a morte de Cristo. A terminologia lembra a estoica, mas o significado é radicalmente diferente: não se trata de uma união hipostática, como na encarnação, mas de uma transfiguração do cosmos que introduz sua plena redenção final anunciada por São Paulo (Rm 8,19-22). O homiliasta, que concebe a redenção como um retorno às origens, muito provavelmente tem em mente a cena do Espírito de Deus pairando sobre o caos primordial (Gn 1,2), quando fala do Espírito que se expande novamente no universo após a dolorosa contração da Paixão. A concepção da páscoa na liturgia bizantina conservará muitos desses traços cósmicos típicos da soteriologia paulina (Efésios e Colossenses).

39. O tema da *expansão do Espírito de Cristo* no universo se une ao da *crucificação cósmica*, desenvolvido longamente no elogio da cruz (§§ 96-97). A cruz já não tem um significado concreto e material, mas indica a nova forma que assumiu a presença do Espírito de Cristo no universo: uma presença dolorosa e gloriosa; é a crucificação que perdura em seus efeitos.

40. Afirmação teologicamente imprecisa, porque implica na separação da divindade (o Espírito) do corpo e da alma de Cristo no tríduo da morte, mas

108. O indivisível foi dividido[41] para que todas as coisas obtivessem a salvação e para que nem mesmo o lugar subterrâneo ficasse sem

---

historicamente preciosa porque documenta o grande arcaísmo da homilia. Para o homiliasta, no momento da morte, a divindade (o Espírito) se expande nos céus, o corpo vai para a sepultura e só a alma desce ao Hades para libertar os justos. Seguindo uma tradição judaica, o homiliasta interpreta o *paraíso* de Lucas 23,43 no sentido de um departamento especial do *sheôl*, reservado às almas dos justos: cf. *L'Omelia "In s. Pascha"*, 242. Orígenes, no início do século III, corrige energicamente essa concepção: os três componentes que se dividem na morte de Cristo são para ele o corpo, a alma e o espírito humano do Salvador, enquanto a divindade permanece unida a todos os três (*Diálogo com Heráclides*, 7). Gregório de Nissa também se pergunta sobre "como o Senhor pôde estar contemporaneamente em três lugares: no coração da terra, no paraíso com o ladrão e nas mãos do Pai" (*In Christi resurrectionem*, I: PG, 46, 613 D), mas a distância teológica que o separa do homiliasta é enorme. De fato, ele formula claramente o conceito da permanência da união hipostática da divindade, seja com o corpo, seja com a alma de Cristo: "Aquele que transformou todo o homem em natureza divina através da sua união com ele, durante o tempo da morte não se separou de nenhuma das duas partes que havia assumido [...]. A divindade que voluntariamente dividiu a alma do corpo mostrou que ela permaneceu unida a ambos" (ibid., 617 A; cf. DANIÉLOU, J., L'état du Christ dans la mort d'après Grégoire de Nysse, *Historisches Jahrb.*, v. 77 (1958) 63-72). Por isso não creio que se possa interpretar a seguinte expressão: "O indivisível dividiu-se" no sentido técnico de divisão indivisa (cf. ORBE, A., *Estudios Valentinianos*, v. I, Roma, 1958, 598 ss.), porque pressuporia o conceito de permanência da união hipostática no tríduo da morte, o que está muito distante da perspectiva cristológica do homiliasta. Pelo contrário, é uma figura típica de oxímoro, ou paradoxo, como aquelas análogas de Melitão: "O imenso foi medido; o impassível padeceu; o imortal morreu" (*Fragmento XIII*, páginas 153 s.).

41. Uma expressão idêntica à do homiliasta pode ser lida nos *Extratos de Teódoto* (36, 2): "Visto que nós somos os divididos, por isso Jesus foi batizado, *para dividir o indivisível*, até que nos reúna com aqueles, para entrar no *Pleroma*, para que nós, os muitos, tendo-nos tornado um, todos nos unamos ao uno que se dividiu por nós". Este é mais um dos muitos exemplos dessa afinidade de linguagem com os autores gnósticos do século II, frequentemente encontrado por nós em Melitão e no Anônimo e que atesta a pertença de ambos ao período em questão. O conteúdo, porém, é *toto caelo* diferente. Segundo o texto de Teódoto "Jesus, o Salvador, foi batizado para a redenção da semente espiritual, para que seu espírito indivisível se dividisse entre cada homem espiritual (os gnósticos), a fim de permitir-lhes a entrada no *Pleroma* e a unifi-

iniciação no mistério da vinda divina: "Não vimos o seu rosto, mas ouvimos a sua voz"⁴².

A glorificação

A morte da morte

[57] 109. Já em vida, ele libertou-se dos laços da morte, firme em seu poder soberano, como quando disse: "Lázaro, vem para fora!"ʲ; ou: "Criança, acorda!"ᵏ. Isso para que fosse manifesto que ele tinha o poder de comandar com autoridade. Por isso, tomando tudo de si, entregou-se à morte, para que a fera voraz com seus laços insaciáveis fosse aniquilada dentro de si mesma.

(j) Jo 11,43
(k) Lc 8,54

---

cação na sizígia" (SIMONETTI, M., *Testi gnostici cristiani*, Bari, 1970, 236, n. 326). Nota-se também certa afinidade de linguagem com Melitão (*Peri Pascha*, 56): Cristo submete-se à Paixão, para reunir o homem que "estava dividido pela morte".

42. Essa frase – que os poderes infernais (ou as almas dos justos?) teriam pronunciado diante do surgimento de Cristo no Hades – parece ser uma adaptação de um antigo conceito do Antigo Testamento segundo o qual a voz de Deus pode ser ouvida, mas seu *rosto* não pode ser visto: cf. Deuteronômio 4,12: "Ouvistes o som das palavras [do Senhor], mas não vistes os seus traços". Clemente de Alexandria, que aplica a mesma frase ao *descensus* (*Stromata*, VI, 45, 1), parece evocar também Jó 28,22. Literalmente a fonte mais próxima, porém, é Sabedoria 18,1, onde se diz que os egípcios nas trevas "ouviram a voz [dos judeus], mas não viam a sua figura". Lê-se essa célebre frase no século II também a propósito da epifania de Cristo no culto (cf. *Atos de Tomé*, 27), ou aplicada à descida gnóstica do Redentor na terra (cf. os Ofitas, in: HIPÓLITO, *Refutatio*, V, 8, 14). Não está excluído que possa ser uma adaptação deliberada de João 5,37 ("E nunca ouvistes a sua voz [do Pai], nem vistes seu aspecto"), para insinuar que, depois da vinda de Cristo, a voz de Deus é ouvida (sendo Cristo o seu *Logos*, a sua Palavra), mas não podemos ver sua face, isto é, a realidade espiritual íntima que é incognoscível para o ser humano. Mas a essa explicação parece que se opõe a ideia corrente no NT (Cl 1,15; Jo 14,9) assumida pelos gnósticos (*Extratos de Teódoto*, 23, 5), segundo a qual Cristo é o rosto visível do Pai. Para outros textos, cf. tudo o que escrevi em *L'Omelia "In s. Pascha"*, 253-259.

110. Em seu corpo sem pecado ela buscava em cada canto o alimento que lhe era próprio: se não [houvesse nele] concupiscência, raiva, desobediência, ou algo do antigo pecado que foi o primeiro alimento da morte, como era está escrito: "O aguilhão da morte é o pecado"[l]. Mas não encontrando nele nada que pudesse ser alimento da morte, fechada inteiramente em si mesma e dissolvendo-se por falta de alimento, tornou-se morte para si mesma.

(l) 1Cor 15,56

A descida à mansão dos mortos[43]

[58] 111. Visto que muitos justos, anunciando a boa-nova e profetizando, <esperavam-no>, o *primogênito dos mortos*[m]; para a ressurreição, ele aceitou a permanência de três dias sob a terra[44], a

(m) Cl 1,18; Ap 1,5

---

43. O homiliasta já falou brevemente nos §§ 107-108 da descida à mansão dos mortos, mas apenas como consequência da morte e da divisão de Cristo. Só agora ele trata *ex professo* do tema da permanência de Cristo na mansão dos mortos e isso porque o tema do *descensus* foi considerado de início como parte do momento da vitória e triunfo do Salvador, e não do momento da paixão. A partir do século IV este aparece como o momento de ligação que une entre si paixão e ressurreição e é, portanto, localizado liturgicamente no Sábado Santo que adquire assim, no *triduum paschale*, uma fisionomia própria (cf. Orígenes, *In Exodum hom.*, V, 2; Anfilóquio de Icônio, *Homilia sobre o Sábado Santo*: PG, 39, 39). Com efeito, em alguns autores posteriores (cf., por exemplo, Pseudo-Epifânio, *In Sabato Magno*: PG, 43, 439) e em certa medida também na liturgia bizantina, o *descensus* é visto como o momento culminante da redenção e da páscoa, ao passo que na salvação dos justos do AT via-se a inauguração e a universalidade da salvação. Esta última ideia de universalidade é fortemente destacada, como se pode verificar no contexto, também pelo nosso homiliasta (ver também nota 13, página 118).

44. A frase está incompleta. A adição de "esperavam" proposta por Nautin tem boas probabilidades de estar correta, mesmo que a lacuna seja talvez mais ampla do que um único termo. O significado, no entanto, é suficientemente claro. Os profetas do AT, que em vida anunciaram a vinda do Salvador à terra, uma vez descidos ao Hades, anunciaram a vinda de Cristo sob a terra, mantendo viva a expectativa da salvação nos justos. O mesmo tema, mas muito mais desenvolvido, pode ser lido em Orígenes (*De engastrimytho*: PG, 12, 1022-1028). Observe-se como o homiliasta, assim como Melitão, não vê qualquer alusão à Trindade na permanência tridual na morte, como muitas vezes ocorre em época posterior (cf. Apêndices, páginas 166s.). O termo e talvez

fim de salvar todo o gênero humano: aqueles antes da Lei, os de depois da Lei e os do seu tempo. Talvez ele permaneça três dias no sepulcro também para ressuscitar o vivente em todos os seus componentes: alma, espírito e corpo^n.

(n) 1Ts 5,23

A ressurreição

[59] 112. Uma vez ressuscitado, são algumas mulheres que o veem por primeiro. Desta forma, assim como a mulher foi a primeira a introduzir o pecado que há no mundo, assim, do mesmo modo, ela foi a primeira a anunciar a vida ao mundo[45]: "Mulheres, alegrai-vos"^{o} é a voz que ressoa em seus ouvidos, para que a tristeza primitiva fosse engolida pela alegria da ressurreição.

(o) Mt 28,9

[60] 113. Detendo-se por algum tempo, ele confirmou sua sagrada ressurreição e levou à fé da ressurreição até mesmo os incrédulos <lacuna no texto>, para que se acreditasse que a ressurreição dos mortos também havia ocorrido com o corpo[46].

---

também o conceito explícito de "Trindade de pessoas" é de fato desconhecido aos dois homiliastas, bem como a muitos outros autores do século II.

45. Ambrósio tem a mesma explicação: "Por isso a mulher é a primeira a acolher o mistério da ressurreição [...], para apagar o erro da antiga prevaricação" (*Expos. in Lc.*, X, 73); "Aquela que por primeiro provou a morte, foi a primeira a ver a ressurreição" (ibid., X, 156); Gregório Nazianzeno: "Eva, a primeira a cair, foi também a primeira a ver Cristo e a dar notícia dele aos apóstolos" (*Oratio*, 45, 24). O autor atribui a Eva o que São Paulo diz de Adão: a introdução do pecado no mundo (Rm 5,12). A tendência encrática que emerge muito discretamente aqui e ali na homilia não é alheia a tudo isto (ver nota 32, página 128). Cf. CLEMENTE DE ALEXANDRIA, *Protr.*, II, 12, 2 e TEÓFILO DE ANTIOQUIA, *Ad Autol.*, II, 28; *Apocalipse de Moisés*, 32.

46. O fato da ressurreição tem uma importância relativamente limitada na homilia se a comparamos com os desenvolvimentos dos temas da cruz, paixão e morte (§§ 92-108) e também com os temas relativos à encarnação (§§ 75-91). Mais do que o fato específico da ressurreição – do qual se destaca preferencialmente o *aspecto apologético* (§§ 112-113), mais do que o *soteriológico* (ver, entretanto, a nota 10, página 85) – o homiliasta, assim como o próprio Melitão, acentua o fato global da glorificação e do triunfo de Cristo, encontrando seu ápice na ascensão ao céu.

A ascensão ao céu

(p) 1Cor 15,47-49;
Ef 4,22-23;
Cl 3,9-10

[61] 114. Tendo então revestido a imagem perfeita, ele transformou o homem que havia vestido em homem celeste[p]; então a imagem nele incorporada também ascendeu ao céu[47].

115. Os poderes, ao verem o grande mistério do homem que ascendia unido a Deus, com gritos de alegria ordenaram aos exércitos superiores: "Levantai as vossas portas, ó Príncipes, levantai-vos, ó portas eternas, e o Rei da glória entrará"[q].

(q) Sl 24,7

116. Estes, então, diante do novo prodígio de um homem incorporado a Deus, gritaram em resposta: "Quem é este Rei da glória?". E aqueles, interpelados, responderam novamente: "O Senhor

---

47. Este e os dois parágrafos seguintes contêm uma rica teologia da ascensão de Cristo ao céu. O homem revestido na encarnação era "o homem velho", o "corpo decaído e corrupto" (§ 90), ao passo que o homem que reveste na ressurreição é "o homem celeste", ou seja, a humanidade que passou pelo cadinho da paixão, portanto redimida e agora gloriosa. Encontramos um conceito semelhante no *Evangelho da Verdade* (Codex Jung, f. X^V): "Até a morte ele se humilha, embora esteja revestido da vida eterna. Depois de se ter *despojado* dos seus farrapos passageiros [a humanidade sujeita à dor], ele se *reveste* da incorruptibilidade que ninguém lhe pode tirar". Essa nova carne gloriosa é chamada pelo homiliasta de *imagem integral* ou *perfeita*, porque só agora, após a redenção de Cristo, o homem voltou a ser imagem de Deus. Em sua descida à mansão dos mortos e em sua ressurreição, Cristo recompôs potencialmente a unidade do composto humano, alma e corpo: os fragmentos divididos pela morte reuniram-se para recompor a imagem de Deus. Em uma passagem de derivação melitoniana lê-se, em um contexto idêntico: "Tendo se revestido do homem inteiro, ele ascendeu ao alto dos céus, levando como presente ao Pai não ouro, nem prata, nem pedras preciosas, mas o homem que ele havia moldado à sua imagem e semelhança" (PSEUDO-EPIFÂNIO, *In s. Pascha*, 12: ver Apêndices, página 167). Doravante, Cristo ressuscitado é o protótipo da nova humanidade redimida, à qual é preciso conformar-se para ser à imagem e semelhança de Deus. A humanidade (a imagem) que sobe ao céu *incorporada em Cristo*, como em Melitão (ver nota 3, página 76), é de fato a humanidade pessoal do Verbo, mas também potencialmente toda a humanidade redimida que regressa ao paraíso perdido, seguindo os passos do Salvador.

dos poderes, este é o Rei da glória, o forte, o robusto e poderoso na batalha"r, 48.

(r) Sl 24,8-10

---

48. Ao descrever a descida do Verbo à terra, haviam sido passadas em revista as diferentes categorias de espíritos celestes que festejam o Espírito divino em sua passagem pelos vários céus (§§ 8-9). Agora essas mesmas hostes reaparecem, no momento da ascensão de Cristo, para realçar, com o seu ingênuo espanto, o novo prodígio de "um homem que ascende unido a Deus". É o esquema cristológico típico da época antignóstica: descida do céu – subida ao céu. Em sua formulação mais simples (cf. § 117: "Dos céus desces à terra e da terra sobes novamente aos céus"), segue João 16,28: "Eu saí do Pai e vim ao mundo; novamente deixo o mundo e volto para o Pai". Contudo, muitos temas (como a insistência no conceito de que Cristo "foi visto pelos anjos" tanto na sua descida como na sua ascensão) trazem à mente 1 Timóteo 3,16: o Cristo que atravessa todo o cosmos, subjugando todos os espíritos e tornando-se seu Senhor. Cf. também uma visão semelhante no final do *Fragmento VII* de Melitão (página 151). A antiguidade da forma como a ascensão é representada coreograficamente está documentada por uma série de textos, incluindo o mais próximo, que, como sempre, é o de Ireneu (*Demonstração*, 84). Sua origem deve ser buscada no uso do Salmo 24 na liturgia sinagogal judaica, onde foi interpretado em referência ao retorno do povo eleito do exílio à cidade santa da era escatológica (cf. KAEHLER, E., *Studien zum Te Deum und zur Geschichte des 24. Psalms in der alten Kirche*, Göttingen, 1958, 44-50). A exegese cristã do Salmo é possibilitada pela Septuaginta que traduz com o vocativo "ó Príncipes" (οἱ ἄρχοντες) o termo hebraico que queria dizer simplesmente os *frontões* (das portas). A intervenção das testemunhas angélicas parece destinada a afirmar a permanência da verdadeira carne de Cristo mesmo depois da ressurreição, como em Inácio de Antioquia (*Smirn.*, 3, 1): "Creio que mesmo depois da ressurreição ele estava unido à carne e acredito que ele também o esteja no presente".

EPÍLOGO

Hino a Cristo-Páscoa[1]

[62]   117. Ó, mística *choregía*[2]!
    Ó festividade espiritual!
    Ó páscoa divina!
        Dos céus desces à terra
            e da terra ascendes novamente aos céus!
    Ó festival comum de todas as coisas!
    Ó solenidade de todo o cosmos!
    Ó alegria do universo,
        sua honra, festim e deleite[3]!

---

1. Neste estupendo hino final, os momentos e temas mais marcantes da redenção são evocados com uma poderosa transfiguração lírica. A terminologia utilizada não deixa dúvidas de que o homiliasta pretende contrastar a cena da comunidade cristã reunida na Vigília Pascal com aquela que ocorria no grande *telesterion* de Elêusis, na noite da iniciação. Do ponto de vista do estilo, a peça é construída de acordo com todos os artifícios retóricos do *enkomion* com *homoioteleuta*, paralelos etc. É um hino sagrado ou aretologia.

2. A *Choregía* no mundo clássico indica o financiamento pelo *choregós* (comumente um cidadão rico e com autoridade) de uma festa pública. A páscoa é uma *choregía* universal, uma festa de todo o cosmos, que Cristo preparou às suas próprias custas, com a sua paixão e morte.

3. Para esta visão cósmica da páscoa, ver acima, nota 38, página 131.

118. Por ti a morte sombria foi destruída
    e a Vida se espalhou por todos os seres.
    As portas do céu se abriram:
        Deus apareceu como homem
        e o homem ascendeu como Deus[4].
    Para ti os portões do Hades foram arrancados
    e os ferrolhos de ferro foram quebrados[a]
    O povo do subterrâneo ressuscitou dos mortos[b], tendo recebido a boa-nova[5] e um coro foi fornecido às hostes celestiais da terra[6].

(a) Sl 107,16
(b) Mt 27,52-53

119. Ó divina páscoa!
    Tu uniste espiritualmente a nós o Deus que os céus não podem conter[7].
    Para ti o grande salão nupcial está cheio;

---

4. Esta frase, como aquela que precede "Dos céus desces à terra e da terra ascendes novamente aos céus" (§ 117), é um resumo do ciclo cristológico e soteriológico da homilia: cf. IRENEU, *Adv. Haer.*, V praef.: "O Verbo de Deus, Jesus Cristo nosso Senhor, na sua imensa caridade, fez-se o que somos, para que fôssemos o que ele é". O homem que "subiu como Deus" é a humanidade do Salvador e nela está toda a humanidade redimida (ver nota 47, página 136).

5. *Tendo recebido a boa-nova* (tradução proposta por A. Orbe): o tema de Cristo que prega o Evangelho aos mortos no Hades remonta a 1 Pedro 3,19 e pode ser lido em muitos autores dos séculos II-III. Gramaticalmente, devido ao uso que o homiliasta faz dele em outro lugar (§§ 24, 111), o particípio εὐαγγελιζόμενος do texto poderia, no entanto, também ter um sentido ativo. Nesse caso o significado seria: "O povo do subterrâneo ressuscitou dos mortos *anunciando a boa-nova*" (da ressurreição de Cristo), talvez às hostes celestiais, como no § 115 s. os poderes inferiores anunciam a chegada do Ressuscitado aos poderes dos céus superiores.

6. O sentido da frase permanece obscuro. Não está claro se o homiliasta adota a convicção de alguns escritos populares do século II (*Apocalipse de Pedro, Ascensão de Isaías, Doutrina de Tadeu*, in: EUSÉBIO, *Hist. eccl.*, I, 13, 20) segundo a qual um grupo de justos libertados por Cristo do Hades ressuscitou definitivamente e ascendeu com ele ao céu como "um coro que a terra forneceu ao céu para celebrar o triunfo de Cristo" ("fornecer um coro", *choron didonai*, é uma expressão técnica do teatro grego para indicar a concessão do coro a um poeta por parte do Arconte de Atenas para a representação teatral).

7. Sentido incerto devido ao estado provavelmente corrompido do texto grego.

todos usam a veste nupcial^c, (c) Mt 22,10-11
ninguém é expulso porque lhe falta a veste nupcial[8].
Ó páscoa, luz da nova lampadoforia,
esplendor da *dadouchía*[9] virginal!
Para ti as lâmpadas das almas já não se apagam[10], mas em todas
flui divinamente o fogo espiritual da graça, nutrido pelo corpo,
pelo Espírito e pelo óleo de Cristo.

---

8. O tema das núpcias místicas é aqui visto, na esteira da tradição sinótica (Mt 22,1-14; 25,1-13), em conexão com o banquete eucarístico, com o batismo e com o tema da rejeição dos judeus e da eleição dos gentios. "O grande salão nupcial" é de fato o lugar que acolhe a comunidade na noite de páscoa, mas é ainda mais a Igreja, na qual os fiéis entram mediante os ritos da iniciação: a eucaristia, o batismo e a unção, designados no contexto pelos termos: o corpo, o Espírito e o óleo de Cristo. A mesma associação entre a mística nupcial e o chamado universal à Igreja pode ser lido num texto melitoniano: "Agora é permitido a todos sentar-se no banquete para participar nas bodas do Noivo" (PSEUDO-CIPRIANO, *Adv. Judaeos*, 5).

9. Imagens inferidas do ritual dos mistérios de Elêusis (cf. CLEMENTE DE ALEXANDRIA, *Protr.*, II, 22, 6-7). A lampadoforia e a *dadouchía* eram a cerimônia final da iniciação, uma espécie de procissão de tochas atrás do *Dadouchos* que avança agitando uma tocha. Daí a imagem do nosso homiliasta do fogo espiritual que *flui* (δᾳδουχεῖται) nos fiéis alimentado pelo corpo, pelo Espírito e pelo óleo de Cristo, ou seja, pelos sacramentos. A *dadouchía* cristã é contraposta àquela pagã como *nova* e *virginal*, em oposição àquela manchada pela obscenidade dos mistérios pagãos: cf. CLEMENTE DE ALEXANDRIA, *Protr.*, II, 22, 6-7: "Os iniciados abandonam-se à incontinência numa noite barulhenta e a chama que se acende denuncia as suas paixões. Apaga, ó Hierofante, essa chama, tem vergonha, ó *Dadouchos*, das lâmpadas: a luz delas acusa o teu Iacos". Também Clemente de Alexandria canta os mistérios cristãos – assim como o homiliasta – tendo como pano de fundo os mistérios pagãos: "Ó mistérios verdadeiramente santos! Ó pura luz! Sou iluminado por tochas para contemplar o céu e Deus. Iniciado neles me torno santo. Hierofante é o próprio Senhor que imprime o seu selo no iniciado, iluminando-o" (*Protr.*, XII, 120, 1).

10. Ao contrário da parábola do banquete (Mt 22,11), na Igreja ninguém é expulso por falta da veste nupcial; ao contrário da parábola das dez virgens, aqui já não há lâmpadas que se apagam (Mt 25,8), porque são alimentadas pelos sacramentos de Cristo.

[63] 120. Portanto, a ti nós invocamos em espírito, ó Cristo,
Deus soberano, Rei eterno.
Estende as tuas mãos imensas sobre a tua sagrada Igreja e sobre o povo santo eternamente teu:
protege-o, guarda-o, luta, encalça, persegue;
subjuga todos os inimigos,
vencendo com teu poder invisível
até mesmo os adversários invisíveis
como já derrotaste os poderes que nos eram hostis[11].

(d) Ex 15,1-18;
Dt 32,1 ss.;
Ap 15,3

121. Ergue também hoje teus troféus acima de nós e concede-nos cantar com Moisés o hino da vitória[d],
pois tua é a glória e o poder pelos séculos dos séculos. Amém[12].

---

11. Esta oração recorda a da epístola de Clemente de Roma a favor dos cristãos perseguidos (*1 Clem.*, 60, 3-4).

12. Para esta doxologia cristológica, ver nota 11, página 36. A referência ao cântico de Moisés autoriza a suposição de que, após a leitura de Êxodo 12 e da homilia do Bispo, se continuasse com a recitação ou o canto do hino de Moisés (Ex 15,1 ss.), como no passado ocorria na Vigília Pascal. O uso litúrgico desse cântico parece confirmado por Apocalipse 15,3: "o cântico de Moisés e o cântico do Cordeiro".

APÊNDICES

APÊNDICE I
OS FRAGMENTOS DAS OBRAS PERDIDAS DE MELITÃO DE SARDES E DE APOLINÁRIO DE HIERÁPOLIS

I

Da *Apologia* de Melitão ao imperador Marco Aurélio (in: EUSÉBIO DE CESAREIA, *Historia ecclesiastica*, IV, 26, 5-11):

No livro dirigido ao imperador, ele [Melitão] narra as coisas que foram perpetradas contra nós durante o seu reinado:

"Sem precedentes, agora o povo daqueles que adoram a Deus é perseguido e expulso para a Ásia, após novos editos. Psicofantes desavergonhados, ávidos pelos bens alheios, aproveitando-se desses decretos como pretexto, roubam e despojam abertamente, noite e dia, pessoas que não fizeram nada de errado"[1].

E mais adiante ele diz:

"Que se isso aconteça sob tuas ordens, está bem. De fato, um imperador justo nunca ordenaria nada injusto e nós também aceitamos de bom grado tal morte como um privilégio. Esta é a única petição que te apresentamos, isto é, que primeiro conheças pessoalmente quem são aqueles que sofrem tal hostilidade e possas julgar com justiça se são dignos de morte e castigo ou se merecem ser poupados e deixados em paz.

---

1. Sobre esses "novos editos", cf. ZEILLER, J., A propos d'un passage énigmatique de Méliton de Sardes relatif à la persécution contre les chrétiens, *Revue des Etudes Augustiniennes*, v. 2 (1956) 257-263 e mais especialmente SORDI, M., I "nuovi decreti" di Marco Aurelio contro i cristiani, *Studi Romani*, v. 9 (1961) 361-378.

Mas se esta decisão e o novo edito – que seria desproporcional até mesmo se dirigido a inimigos bárbaros – não vieram de ti, então pedimos ainda mais que não nos abandones a esse banditismo popular".

E prossegue, em seguida, dizendo:

"Com efeito, nossa filosofia[2] floresceu primeiro entre os bárbaros; espalhou-se entre as nações sujeitas a ti, sob o grande principado de Augusto, teu antepassado, e tornou-se auspiciosa, particularmente para o teu reino.

Desde então, de fato, o poder dos romanos tornou-se cada vez maior e mais glorioso. Deste poder, és e continuarás sendo o herdeiro bem-vindo, junto com teu filho, para proteger esta filosofia nascida com Augusto e crescida de mãos dadas com o império, que teus antecessores também honraram junto com outras religiões.

A melhor indicador da sua bondade é que nossa doutrina floresceu paralelamente ao feliz início do império e que nenhuma calamidade ocorreu desde a época do principado de Augusto, mas que, pelo contrário, tudo se desenvolveu da maneira mais brilhante e gloriosa, de acordo com os desejos de todos.

Dentre os demais, apenas Nero e Domiciano, instigados por alguns malvados, decidiram acusar a nossa doutrina[3]. Depois deles, por um hábito tolo, aconteceu que se multiplicaram as falsas denúncias contra nós. Os teus pios predecessores, no entanto, retificaram a ignorância deles, atingindo repetidamente por escrito muitos que ousaram inovar em torno desta questão. Entre outras coisas, parece que teu avô Adriano escreveu a muitas pessoas diferentes e a Fundano, o procônsul que governava a Ásia[4]. Teu pai então, na época em que eras regente junto

---

2. Seguindo o exemplo de Fílon (*De sacrificiis Abelis et Caini*, 1; *De opificio mundi*, 8) que aplicou o termo "filosofia" à Bíblia, os primeiros cristãos também definiram a revelação cristã com esse termo. "Nossa filosofia" equivale a "nossa religião", como em Justino e outros Apologistas.

3. O mesmo argumento é apresentado por Tertuliano que talvez conheceu toda a *Apologia* de Melitão: cf. TERTULIANO, *Apologeticum*, 5, 3-8: O Cristianismo foi protegido pelos imperadores "bons" e amantes da cultura e foi perseguido pelos dois imperadores mais insultados: Nero e Domiciano.

4. Este famoso rescrito de Adriano a Minúcio Fundano, procônsul da Ásia em 125 d.C., está preservado em EUSÉBIO, *Hist. eccl.*, IV, 9; disso se fala também em JUSTINO, *I Apol.*, 68.

dele em todos os assuntos, escreveu às cidades para não mudarem nada a nosso respeito. Escreveu, entre outros, aos de Lárissa, de Tessalônica, aos atenienses e a todos os gregos. Tanto mais, portanto, temos confiança de que farás o que suplicamos, tu que, sobre os cristãos, tens a mesma opinião daqueles, e, na verdade, muito mais inspirada pela humanidade e pela filosofia"[5].

II

Da mesma *Apologia* a Marco Aurélio (do *Chronicon Paschale*; PG, 92, 623 A)

Melitão, bispo de Sardes, acrescenta a todas as coisas ditas por Justino:
"Não somos adoradores de pedras que não têm sentimento algum; mas damos o nosso culto ao único Deus que é antes de todas as coisas e acima de todas as coisas, e ao seu Cristo, que é o Verbo de Deus antes dos séculos[a]".

(a) Jo 1,1-2

III

Das *Eclogae* (in: EUSÉBIO, *Hist. eccl.*, IV, 26, 12-14)

Nas *Eclogae* escritas por ele [Melitão], no início, no proêmio, elenca-se o catálogo dos livros do Antigo Testamento que eram por todos reconhecidos e que é necessário reproduzir aqui. Ele, portanto, escreve:
"Melitão a seu irmão Onésimo, saudações. Por que, movido pelo teu zelo pela doutrina, pediste repetidamente que eu te preparasse al-

---

5. Nesta passagem, Melitão formula, pela primeira vez, a famosa teoria da coexistência pacífica e providencial entre o Império Romano e o Cristianismo, que terá amplo eco até Dante Alighieri. O Império Romano e o Cristianismo, nascidos juntos, quase irmãos de criação, estão destinados a crescer em colaboração e a apoiar-se mutuamente: cf. ALAND, K., The Relation between Church and State in Early Times: A Reinterpretation, J. Th. St., N. S, v. 19 (1968) 115-127; para outros problemas, cf. GABBA, E., L'Apologia di Melitone di Sardi, *Critica Storica*, v. 1 (1962) 469-482 e SORDI, M., Le polemiche intorno al cristianesimo nel II sec., *Riv. Storia della Chiesa in Italia*, v. 16 (1962) 1-28.

guns trechos tirados da Lei e dos Profetas sobre o Salvador e sobre toda a nossa fé e expressaste o desejo de saber exatamente o número e a ordem de sucessão dos livros antigos, comecei a trabalhar com diligência, conhecendo bem o teu zelo pela fé e o ardor pelo conhecimento da doutrina e o desejo profundo por Deus, que te faz antepor isso a qualquer outro interesse na luta pela salvação eterna.

Tendo, pois, ido ao Oriente, ao mesmo lugar onde [a Escritura] foi pregada e composta, e tendo-me informado escrupulosamente sobre os livros do Antigo Testamento, envio-te a lista que elaborei. Seus títulos são os seguintes: De Moisés, cinco livros: *Gênesis, Êxodo, Números, Levítico e Deuteronômio*; depois *Josué*, os *Juízes* e *Rute*; quatro livros de *Reis*; dois dos *Paralipômenos*; os *Salmos* de Davi, os *Provérbios* de Salomão também chamados de *Sabedoria*, o *Eclesiastes*, o *Cântico dos Cânticos* e *Jó*; dos Profetas: *Isaías, Jeremias*, os *Doze* reunidos num só livro, *Daniel, Ezequiel* e *Esdras*[6].

Desses livros preparei extratos distribuindo-os em seis livros".

IV

Do tratado *Sobre a páscoa* (in: EUSÉBIO, *Hist. eccl.*, IV, 26, 3)

No livro *Sobre a páscoa*, na introdução, indica nestes termos a época em que foi composto:

"Sob Servílio Paulo, procônsul da Ásia, na época do martírio de Sagaris, houve uma grande disputa em Laodiceia a respeito da páscoa que caía justamente naqueles dias, e aqui está o que foi escrito"[7].

---

6. É o primeiro testemunho cristão sobre o Cânon dos livros inspirados do Antigo Testamento. Melitão o buscou na Palestina entre os próprios judeus. Reflete, portanto, o Cânon Judaico, que omite os Deuterocanônicos, e não o Cânone da tradição cristã. O fragmento também constitui a primeira prova certa da existência de listas de trechos do AT usadas, nos primeiros tempos, na pregação cristã como profecias de Cristo (os *Testimonia*).

7. Sobre essa disputa de Laodiceia, ocorrida entre 164-166 d.C., ver nota 22, páginas 122 s.

V

Da obra *Sobre o diabo e o Apocalipse de João* (de Orígenes, *In Psalmum* 3: PG, 12, 1120 A)

"Melitão que viveu na Ásia disse que ele [Absalão] era uma figura do diabo, na medida em que este se opõe ao Reino de Cristo. Mas ao limitar-se a esta única referência ele não explicou a passagem completamente".

VI

Da obra *Sobre a encarnação de Cristo* (in: Anastácio Sinaíta, *Viae dux*, 13: PG, 89, 228 D-229 B)

No terceiro livro *Sobre a Encarnação de Cristo*, Melitão responde assim [a Marcião]:
"Para quem é inteligente, não há necessidade de estabelecer o caráter real e não fantástico da alma e do corpo dele, bem como de sua natureza humana igual à nossa, insistindo sobre o que Cristo fez depois do seu batismo. Na verdade, as coisas que Cristo fez depois do seu batismo, e em particular os seus milagres, revelaram sua divindade escondida na carne e eram manifestadas ao mundo inteiro. Com efeito, sendo Deus e verdadeiro homem, ele mesmo nos confirmou as suas duas naturezas: a sua divindade, através dos prodígios realizados nos três anos seguintes ao seu batismo; sua humanidade nos trinta anos anteriores ao seu batismo, nos quais a imperfeição própria da carne escondeu os traços da sua divindade, embora permanecesse Deus verdadeiro e eterno"[8].

---

8. Sobre este fragmento, cf. Cantalamessa, R., Méliton de Sardes, *Rev. Sc. Rel.*, v. 37 (1963) 22-23. Aqui, pela primeira vez se aplica a Cristo a fórmula "duas substâncias", que mais tarde será canonizada pela tradição e pelo Concílio de Calcedônia. O título original da obra deve ter sido "Sobre o Deus tornado corpo" (Eusébio, *Hist. eccl.*, IV, 26, 2).

VII

Do livro *Sobre o batismo* (Do códex Vaticano 2022, f. 238 S.: ed. Pietra, J. B., *Analecta Sacra*, Parigi, 1884, 3-5)[9]

"Há talvez ouro, prata, bronze ou ferro que não seja batizado na água depois de ter passado pelo fogo, um para que fique brilhante pela cor, outro para que seja fortalecido pela têmpera?

Toda a terra é lavada pelas chuvas e pelos rios e assim, lavada, fica bem cultivada. Da mesma forma, o solo do Egito, banhado pelo rio em sua cheia, faz crescer o trigo, enche a espiga e produz cem vezes mais, graças à abundante inundação.

O próprio ar é lavado pelas gotas de chuva que caem. A íris multicolorida, mãe das chuvas que faz descer curvando os rios das águas de cima, também é lavada quando chamada pelo vento arauto da chuva.

Se então quiseres ver como os corpos celestes são batizados, volta tua atenção para o oceano; lá te mostrarei um novo espetáculo:

> o mar com vastas extensões,
> o pélago sem limites,
> o abismo insondável,
> o oceano desmensurado,
> a extensão de água pura,
> o batistério do sol,
> o lavacro que dá esplendor às estrelas,
> o banho da lua.

O banho deles tem um valor simbólico que te explicarei, se deres fé.

O sol abre a corrida do dia em seus cavalos de fogo e no movimento turbulento da corrida torna-se semelhante ao fogo. Brilha como uma lâmpada e inflama a faixa central do seu caminho, de tal modo que, se fosse visto de perto, atingiria a terra com raios dez vezes mais fulgurantes. Mas com medo ele mergulha no oceano.

---

9. Fragmento comentado por Doelger, F. J., *Sol Salutis*, Münster, 1920, 264-267 e por Perler, O., *Méliton de Sardes* (SCh, 123), Paris, 1966, 228-233. Para o título de "sol nascente" ou "aurora" (*anatolé*), atribuído a Cristo na frase final, ver acima, nota 12, página 86.

Uma esfera de cobre toda permeada de fogo e cintilante de luz produz um grande ruído e emite lampejos de chamas se imersa em água fria; o fogo lá dentro, porém, não se apaga, mas brilha ainda mais em brasa.

O mesmo acontece com o sol. Ardente como um raio, banha-se na água fria sem se consumir nem um pouco, possuindo um fogo que não conhece ocaso.

Purificado por esse batismo místico, ele encontra grande refrigério na água como seu alimento.

Permanecendo uno e idêntico a si mesmo, ressurge como novo para os homens, tonificado pelo abismo e purificado pelo banho, e, tendo dissipado as trevas da noite, faz surgir o dia luminoso.

Analogamente à corrida do sol, dá-se também o movimento das estrelas e da lua, de acordo com sua respectiva natureza. Como boas discípulas, eles mergulham de fato no batistério do sol. Seguindo os passos do Sol, as estrelas juntamente com a Lua mantêm o seu puro esplendor.

Agora, se o sol, as estrelas e a lua se banham no oceano, por que Cristo não deveria se lavar no Jordão?

> Ele, Rei do céu,
> cabeça da criação[b],   (b) Cl 1,15
> sol nascente,
> que também apareceu aos mortos no Hades
> e para os mortais no mundo!
> Ele, o verdadeiro sol que nasceu do céu!"

IX

De obra incerta (ed. PITRA, J. B., *Spicilegium Solesmense*, II, LXIII s.)

"É em relação ao Senhor Jesus Cristo que está escrito: 'Como carneiro foi amarrado'[c] e 'como cordeiro foi tosquiado e como ovelha levado ao matadouro'[d]. Como cordeiro ele foi crucificado; em seus ombros carregou a lenha enquanto era levado para ser imolado como Isaac por seu pai[e].

(c) Gn 22,9
(d) Is 53,7
(e) Gn 22,6

Mas Cristo padeceu; Isaac, pelo contrário, não padeceu. Na verdade, ele era a figura do Cristo que devia padecer.

Mas mesmo como simples figura de Cristo, Isaac inspirou admiração e temor nos homens. Podia-se então contemplar um mistério nunca antes visto: o filho conduzido ao monte para ser ali imolado pelo próprio pai, que, tendo-o amarrado e levado ao fogo do sacrifício, preparava apressadamente as coisas necessárias para sua imolação.

Isaac, por sua vez, amarrado como um carneiro, cala-se e não abre a boca; não diz uma palavra. O punhal não o assusta, nem o fogo o aterroriza, nem o padecer o entristece: ele corajosamente personifica a figura do Senhor.

Isaac, portanto, jazia no meio, amarrado como um carneiro; Abraão estava ao seu lado com o punhal desembainhado na mão que não hesitava em matar seu próprio filho[f]".

(f) Gn 22,6-10

X

De obra incerta (ed. PITRA, J. B., *Spicilegium Solesmense*, II, LXIII)

(g) Gn 22,13

"No lugar de Isaac, o justo, apareceu um carneiro para ser sacrificado, para que Isaac fosse liberto de suas cadeias[g]. Sua imolação serviu de resgate para Isaac.

Da mesma forma o Senhor também nos salvou; amarrado, nos soltou; imolado, nos remiu".

XI

De obra incerta (Ibid.)

(h) Gn 22,13
(i) Gn 22,2
2Cr 3,1

"De fato, o Senhor era o cordeiro simbolizado pelo carneiro que Abraão viu preso no arbusto de Sabec[h]. Esta planta designava a cruz, enquanto o lugar [correspondia a] Jerusalém[i]; e o cordeiro [indicava] o Senhor amarrado para a imolação"[10].

XII

De obra incerta (Ibid.)

(j) Gn 22,13

"A expressão 'preso pelos chifres'[j] é traduzida pelo sírio e pelo hebraico como 'pendurado' para indicar mais claramente a cruz. Mas

---

10. Os *Fragmentos IX-X* desenvolvem a tipologia de Isaac como a figura de Cristo derivada da *Haggadá* Pascal judaica (ver nota 16, páginas 56 s.).

também o termo carneiro se enquadra perfeitamente nisso. De fato, não disse 'cordeiro', isto é, jovem, como Isaac, mas 'carneiro', isto é, adulto como o Senhor.

Assim como chamou de arbusto de Sabec, isto é, da remissão, a santa cruz; também Ezequiel, no final, fala da água da remissãoᵏ que simboliza o santo batismo.

(k) Ez 47,3

Na verdade, há duas coisas que juntas proporcionam a remissão dos pecados: o martírio por Cristo e o batismo".

XIII

Do livro *Sobre a alma e o corpo*[11] (Do *Florilegium Edessenum anonymum*, ed. RUCKER, I., *Sitzungsb. Akademie Wiss.*, Berlin, 1933, 16-17)

"Por isso o Pai enviou do céu o seu Filho que não tinha corpo, para que, tendo se encarnado no seio da Virgem e nascido como homem, devolvesse a vida ao homem e reunisse os seus membros que a morte, dividindo o homem, havia separado".

E mais adiante diz:

"A terra tremeu e os seus alicerces foram abalados; o sol fugiu, os elementos foram perturbados e o dia transformou-se [em noite], incapaz de suportar a visão do seu Senhor pendurado no madeiro.

Toda a criação ficou horrorizada e atônita e exclamou:

Que novo mistério é esse?
    O juiz é julgado e cala-se;
    o invisível se deixa ver e não enrubesce;
    o incompreensível é preso e não se irrita;
    o imenso é medido e não oferece resistência;
    o impassível padece e não se vinga;
    o imortal morre e não diz uma palavra;
    o celestial é sepultado e suporta-o.
Que novo mistério é esse?
    A criação surpreende-se.

---

11. Sobre a obra a que originalmente pertencia este fragmento, ver a página 146. (N. do E.: Não obstante essa informação do autor, não nos foi possível encontrar essa referência na obra original.)

Mas assim que nosso Senhor ressuscitou dos mortos
    e pisou a morte com os pés
    e venceu o forte
    e libertou o homem,
então toda criatura entendeu que era por causa do homem
    que o juiz foi julgado,
    que o invisível foi visto,
    que o incompreensível foi preso,
    que o imenso foi medido,
    que o impassível padeceu,
    que o imortal morreu,
    que o celestial foi sepultado.
Pois nosso Senhor, tornando-se homem,
    foi julgado para conceder a graça;
    foi amarrado para poder desamarrar;
    preso para poder libertar;
    padeceu para conceder o perdão;
    morreu para dar a vida;
    foi enterrado para ressuscitar".

XIV

Do livro *Sobre a cruz*[12] (Ibid., 18)

"Por esta razão ele veio até nós; por isso, de incorpóreo que era, teceu para si um corpo de nossa mesma natureza.

Tendo aparecido como cordeiro, permaneceu pastor;
considerado servo, não perdeu a dignidade de Filho;
foi carregado por Maria, enquanto estava revestido pelo Pai;
pisava a terra e enchia os céus;

---

12. Da lista de Eusébio (*Hist. eccl.*, IV, 26, 2) não aparece que Melitão tenha escrito um livro "Sobre a cruz". Este título provavelmente foi inferido a partir do conteúdo do fragmento. A obra a que pertencia poderia ser a mesma da qual derivam os *Fragmentos IX-XII* que desenvolvem o tema da paixão e da cruz (talvez o tratado *Sobre a páscoa* mencionado por Eusébio em *Hist. eccl.*, IV, 26, 2-3).

mostrou-se criança, mas não abandonou a eternidade de sua natureza;
revestiu-se de um corpo, mas não diminuiu a simplicidade da sua natureza divina;
apareceu pobre, mas não se despojou de suas riquezas;
necessitado de alimento, como homem, não deixou de alimentar o mundo como Deus;
assumiu a forma de servo¹, mas não mudou a forma do Pai[13]. Em sua natureza imutável era tudo. (l) Fl 2,6-7
Esteve diante de Pilatos, enquanto estava sentado com o Pai; estava fixado no madeiro e sustentava o universo".

XV

Do livro *Sobre a fé* (Ibid., 68)

"Da Lei e dos Profetas reunimos todas as coisas que foram ditas em vista de nosso Senhor Jesus Cristo, para provar à vossa caridade que ele é o Intelecto perfeito e o Verbo de Deus gerado antes do início da estrela da manhã^m [14]. (m) Sl 110,3

Ele é criador [com o Pai]; aquele que moldou o homem; que era tudo em todas as coisas:
Patriarca entre os patriarcas,
Lei sob a Lei,

---

13. A doutrina sobre Cristo ilustrada no presente fragmento é a mesma que o Anônimo Quartodecimano resume na fórmula: "Sem perder aquilo que tinha, assumiu o que não possuía" (*In s. Pascha*, 76; ver nota 6, página 115). A expressão "forma do Pai" é uma paráfrase de Filipenses 2,6: "forma de Deus", e só pode ser explicada tendo em conta uma linguagem particular de Melitão: cf. CANTALAMESSA, R., Il Cristo "Padre" negli scritti del II-III sec., *Riv. St. e Lett. Rel.*, v. 3 (1967) 21-22.

14. Alusão à obra das *Eclogae*: cf. *Fragm., III*. Seria possível dizer que ao definir Cristo como "Intelecto e Verbo", Melitão compartilha da concepção de Atenágoras (*Súplica*, 10) e dos demais Apologistas. o que levará à ideia do duplo estado do Filho: como Razão ou Intelecto imanente no Pai, e como Verbo pronunciado: cf. TEÓFILO DE ANTIOQUIA, *Ad Autolycum* II, 22; TERTULIANO, *Adv. Praxean*, 5.

> Sumo Sacerdote entre os sacerdotes,
> Soberano entre os reis,
> Profeta entre Profetas,
> Príncipe dos anjos entre os anjos,
> Verbo para a voz,
> Espírito no Espírito,
> Rei pelos séculos dos séculos.

Pois este é aquele
> que em Noé foi timoneiro,
> que guiou Abraão,
> que em Isaac foi amarrado,
> que em Jacó foi exilado,
> que em José foi vendido,
> que em Moisés foi líder,
> que com Josué compartilhou a herança,
> que em Davi e nos Profetas previu a sua paixão[15].

Este é por fim aquele
> que se encarnou na Virgem,
> que em Belém nasceu,
> que foi contemplado pelos pastores,
> que foi glorificado pelos anjos.

Foi adorado pelos Magos,
foi apontado por João,
convocou os Apóstolos,
pregou o Reino dos céus,
curou os coxos,
restaurou a visão aos cegos,
ressuscitou os mortos,
foi visto no templo,
não foi acreditado pelo povo [judeu],
foi traído por Judas,
foi capturado pelos sacerdotes,
foi julgado por Pilatos,
foi transpassado na carne pelos pregos,

---

15. A lista das figuras segue a do *P. Pascha*, 59. Todo o trecho recorda continuamente, pelo estilo e por seus temas, a homilia pascal de Melitão.

foi pendurado no madeiro,
foi sepultado na terra,
ressurgiu do reino dos mortos,
apareceu aos Apóstolos,
foi elevado ao céu,
está sentado à direita do Pai.
Este é o repouso dos que partiram,
o descobridor dos perdidos,
luz dos que estão nas trevas,
redentor dos escravos,
apoio dos errantes,
refúgio dos aflitos,
esposo da Igreja,
cocheiro dos Querubins,
príncipe do exército angelical,
Deus de Deus,
Filho do Pai,
Jesus Cristo, Rei de todos os tempos. Amém".

XVI

Do livro *Sobre o Domingo* (do *Florilegium Achridense*, ed. RICHARD, M., in: Symbolae Osloenses 38 (1963) 79)

De Melitão, bispo de Sardes, no livro *Sobre o Domingo*:
"Quem de fato conheceu o pensamento do Senhor, ou que foi seu conselheiro[n], seria qualquer outra pessoa que não a Palavra que se encarnou na Virgem,
que foi sepultado na terra,
que ressurgiu dos mortos,
que foi elevado ao céu,
e quem foi glorificado no Pai?"[16].

(n) Is 40,13; Rm 11,34

---

16. Fragmento descoberto recentemente. A obra *Sobre o Domingo* é mencionada por Eusébio (*Hist. eccl.*, IV, 26, 2). A passagem é uma paráfrase do símbolo cristológico do tipo daquelas encontradas em *Peri Pascha* (§§ 70.104).

APOLINÁRIO DE HIERÁPOLIS, *Sobre a páscoa*

Apolinário, bispo de Hierápolis, foi contemporâneo e conterrâneo de Melitão: ambos viveram na Ásia Menor por volta de meados do século II. Sua produção literária mostra, em parte, os mesmos interesses de Melitão: ele também escreveu uma *Apologia* a Marco Aurélio em 172; compôs uma obra contra os judeus, lutou contra o montanismo e talvez também contra o gnosticismo.

Dos seus escritos – todos perdidos – conhecemos apenas os títulos transmitidos por Eusébio na *Historia ecclesiastica*, IV, 27, 1.

Os dois preciosos fragmentos aqui reproduzidos chegaram até nós por mio do *Chronicon Paschale* (uma compilação do século VII) que afirma tê-los retirado de uma obra intitulada *Sobre a páscoa* (*Peri Pascha*). A julgar pelo conteúdo das duas passagens, este escrito de Apolinário deve ter se parecido muito com o *Peri Pascha* de Melitão. Nelas há conceitos e expressões idênticas. Ambos refletem a prática quartodecimana da Ásia Menor no século II. Em particular, Apolinário afirma que Cristo morreu em 14 de Nisan (cronologia joanina); portanto, no ano de sua morte ele não comeu a ceia pascal judaica, mas a substituiu pela sua imolação. Encontramos nele, portanto, posição idêntica apoiada pelo Anônimo Quartodecimano (cf. § 92).

Texto grego in: *Chronicon paschale*, ed. DINDORF, L., Bonn, 1832, 13-14, reeditado por PERLER, O., in: SCh, 123, 244-246.

Também Apolinário, o santíssimo bispo de Hierápolis na Ásia, que esteve próximo dos tempos dos Apóstolos, no livro que escreveu *Sobre a páscoa*, apoiou uma posição semelhante, escrevendo:

I

"Outros provocam disputas sobre essas coisas por ignorância; mas devem ser desculpados, uma vez que a ignorância não deve ser perseguida por meio de acusação, mas precisa antes ser educada. Dizem que no dia 14 [de Nisan] o Senhor comeu o cordeiro com os discípulos e que padeceu no dia solene dos ázimos e explicam que Mateus afirma assim como eles entendem. Mas a opinião deles está em desacordo com a Lei e segundo eles os Evangelhos estariam em contradição entre si"[17].

---

17. Para a disputa acima mencionada, ver nota 22, páginas 122 s.

Ele escreve novamente no mesmo livro:

II

"O dia 14 é a verdadeira páscoa do Senhor, a grande imolação[18];
no lugar do cordeiro, o Filho de Deus;
aquele que foi amarrado e amarrou o forte[o];   (o) Mt 12,29
que foi julgado e é juiz dos vivos e dos mortos;
que foi entregue nas mãos dos pecadores para ser crucificado;
que foi elevado nos chifres do unicórnio[19];
que foi perfurado no lado sagrado[p]   (p) Jo 19,34
e fez fluir do seu próprio lado o duplo banho de purificação:
a água e o sangue: a Palavra e o Espírito[20];
que foi sepultado no dia da páscoa, com uma pedra colocada no sepulcro...".

---

18. A formulação mais clara do modo como os quartodecimanos da Ásia Menor concebiam a páscoa: a memória da "grande imolação", isto é, a morte de Cristo ocorrida no dia 14 de Nisan.

19. Os chifres do unicórnio significam a cruz, pois é composta por um único poste vertical (um único chifre) e dois braços transversais (os dois chifres). Este simbolismo deriva do Salmo 21,22 (o Salmo que Cristo entoou na cruz), que diz: "Salva a minha alma dos chifres do unicórnio", e também de Deuteronômio 33,17. Escreve Justino: "Não se pode dizer que os chifres do unicórnio são figura de outra coisa senão da cruz. Com efeito, um poste da cruz sobe verticalmente e na parte superior parte a seção superior que é unida ao poste transversal, cujas extremidades aparecem em ambos os lados como chifres unidos a um único chifre" (*Diálogo*, 91, 2).

20. Ver acima, nota 33, página 128 s.

APÊNDICE II
PSEUDO-EPIFÂNIO, *SOBRE A SANTA PÁSCOA*

Homilia derivada de Melitão de Sardes

Nesta coleção de tudo o que resta de Melitão é justo incluir uma peça atribuída pela tradição manuscrita ora a Epifânio de Salamina, ora a São João Crisóstomo, mas que é construída quase inteiramente com materiais retirados de Melitão.

A homilia – da qual apresentamos aqui a primeira tradução em português – só era conhecida graças a uma tradução latina que a atribuía a Epifânio de Salamina[1]. O texto grego recentemente encontrado em três manuscritos na Biblioteca do Vaticano foi editado por P. Nautin[2]. O título que lhe foi dado pelo editor "Sobre a ressurreição" encontra-se em um dos dois códices e deve-se à frase inicial da homilia. Mas o título *Sobre a santa páscoa*, atestado pelos outros dois manuscritos, é certamente preferível. Com efeito, o homiliasta, fiel à fonte melitoniana e quartodecimana, concebe a páscoa sobretudo como uma *Paixão*.

O conteúdo, como nas duas homilias de Melitão e do Anônimo, centra-se quase que inteiramente na morte de Cristo vista como o momento decisivo do mistério pascal.

Apesar dos numerosos pontos de contato (às vezes literais) que a homilia apresenta com o *Peri Pascha* de Melitão, não parece que tenha sido dessa obra que o compilador posterior tenha bebido, mas em outro

---

1. Edição in: PG, 43, 505-508.
2. NAUTIN, P. *Le dossier d'Hippolyte et de Méliton*, Paris, 1953, 151-159.

escrito de Melitão: provavelmente naquele intitulado: *Sobre a alma, o corpo e a unidade*[3].

Que o conteúdo desta curta homilia derive, pelo menos em grande parte, de Melitão, pode ser deduzido do fato de que nela foi inserida literalmente uma passagem que nos foi transmitida sob o nome de Melitão no *Fragmento XIII* relatado acima. Isso também se deduz do fato de o conteúdo coincidir em grande parte com o da homilia *Sobre a alma, o corpo e a paixão do Senhor* atribuída a Alexandre de Alexandria, mas considerada pelos estudiosos também como uma imitação de Melitão[4].

Através de quais processos estes autores posteriores tenham bebido de Melitão é difícil de estabelecer, até porque o texto original de Melitão – devido às suas fortes características estilísticas e talvez também graças ao seu uso litúrgico – parece ter inspirado numerosas imitações e adaptações. Existem duas possibilidades: ou ambos (o autor desta homilia e Alexandre) beberam – independentemente um do outro – de uma fonte intermediária; ou nosso homiliasta (que parece ter escrito depois de 381) usou Melitão por meio de Alexandre.

No entanto, reproduzo aqui a homilia do Pseudo-Epifânio em detrimento da outra, porque em sua brevidade parece-me conter menos elementos devido a reelaborações posteriores: portanto, mais próxima do teor da escrita de Melitão.

Comparada com as duas homilias pascais de Melitão e do Anônimo Quartodecimano, a que aqui apresentamos carece de toda a primeira parte relativa à páscoa da Lei e, portanto, carece do elemento tipológico. Seu caráter compilatório parece evidente: são passagens retiradas de um escrito mais extenso (ou talvez até de vários escritos) e reunidas. As costuras ficam evidentes nas transições abruptas de estilo e conteúdo.

---

3. O título é dado por Eusébio (*Hist. eccl.*, IV, 26, 2), de modo corrompido, tendo sido assim interpretado pelos estudiosos modernos.

4. O que resta desta homilia é uma tradução siríaca publicada em PG, 18, 586-607 e uma tradução copta, publicada por WALLIS BUDGE, E. A., *Coptic Homilies in the Dialect of Upper Egypt*, London, 1910, 115-132; 258-274 (tradução inglesa). W. Schneemelcher e O. Perler (cf. bibliografia) apoiaram a dependência deste texto ao texto de Melitão.

Texto

1. Agora foi banido o luto da morte e chegou o esplendor da ressurreição.

    Esta é a grande prova da sua caridade: morrendo, Cristo destruiu a morte, da qual o homem era devedor; ele deu como resgate alma por alma, corpo por corpo, o homem inteiro por homem, morte por morte[5].

2. Quando foi que uma pessoa justa morreu no lugar de um malfeitor? Qual foi o pai que morreu no lugar do filho ou qual filho no lugar do pai?

    É o que o Senhor fez por nós, não se contentando em ter-nos moldado com a sua própria mão em Adão[6], regenerou-nos por meio do Espírito na sua paixão[7].

3. O povo ímpio dos judeus matou seu benfeitor, dando-lhe em troca
    Mal por bem,
    tristeza por alegria,
    morte por vida.
    Eles o mataram pendurando-no em um madeiro,
    aquele que ressuscitou seus mortos,
    que curou os aleijados,
    que restaurou a visão aos cegos[8].

---

5. Frase derivada em parte de Clemente Romano: "Pela caridade que Jesus Cristo, nosso Senhor, teve por nós, segundo a vontade de Deus, deu o seu próprio sangue por nós, a sua carne pela nossa carne e a sua alma pela nossa alma" (*Ad Cor.*, 49, 6). Ireneu também assume essa posição: "O Senhor nos redimiu com o seu próprio sangue, dando a sua alma pelas nossas almas e a sua carne pela nossa carne" (*Adv. Haer.*, V, 1, 1). O texto é de interesse para a história da cristologia porque é uma das primeiras declarações explícitas da alma humana do Salvador.

6. Cf. nota 34, página 65.

7. A criação e a redenção são ambas abordadas como obra de Cristo (cf. Cl 1,15-20); ao "spiraculum vitae" da criação corresponde a plenitude do Espírito concedido na redenção. De acordo com a antiga tradição quartodecimana, a efusão do Espírito não está relacionada com a ressurreição, mas com a morte.

8. Toda essa passagem se lê em Melitão, *Peri Pascha*, 72.90.

4. Olhai, ó homens, olhai todas as nações, que crime inaudito:
Penduraram aquele que sustentou a terra;
fixaram ao madeiro aquele que fixou o universo[9];
mediram aquele que mediu os céus[10];
eles amarraram aquele que liberta os pecadores;
deram de beber vinagre àquele que dá de beber a justiça;
deram de beber fel àquele que nutre com a vida;
destruíram as mãos e os pés daquele que lhes havia curado as mãos e os pés;
fecharam com violência os olhos daquele que lhes havia dado a visão;
sepultaram aquele que havia ressuscitado seus mortos[11].

5. Ó novo mistério e incrível prodígio!
O juiz é julgado,
aquele que liberta os prisioneiros é amarrado,
aquele que fixou a terra é pregado,
aquele que sustentou o universo é pendurado,
aquele que mediu os céus é medido,
aquele que deu a vida como alimento é alimentado com fel,
aquele que dá vida a todas as coisas é assassinado,
aquele que ressuscitou os mortos é sepultado[12].

6. Ao ver o Senhor pendurado no madeiro
os sepulcros se abriram,
o Hades se abriu,

---

9. Cf. MELITÃO, *Peri Pascha*, 96.

10. Parece que o autor alude a uma ação concreta: Cristo teria sido medido, talvez com vistas à crucificação. Esse detalhe é repetido diversas vezes.

11. Os §§ 3-4, com muito poucas e leves variações, também podem ser lidos em ALEXANDRE DE ALEXANDRIA, *De anima et corpore*, 5 (PG, 18, 598 B-D).

12. Toda a passagem é uma aplicação do princípio teológico da comunicação dos idiomas (ver nota 42, página 72). Das várias antíteses, a primeira teve particular ressonância: "o Juiz é julgado", também presente em Apolinário de Hierápolis (ver acima, página 159) e em vários textos litúrgicos, até ao da atual liturgia bizantina das vésperas do Terceiro Domingo da Quaresma. Também SANTO EFRÉM, O SÍRIO, *Hymni de Pascha*, I, 5 (CSCO, 249, 2).

os mortos ressuscitaram,
as almas saíram
e muitos ressuscitados foram vistos em Israel[a],   (a) Mt 27,52-53
enquanto se cumpria o mistério de Cristo[13].
Ele elevou na cruz a carne[b], para que sua carne pudesse ser   (b) Jo 12,32
vista exaltada e a morte caída aos pés da carne.

7. Então os anjos ficaram cheios de estupor
e os poderes do céu ficaram atônitos com a paixão de Cristo.
Toda a criação ficou aterrorizada e cheia de espanto exclamou:
O que é, pois, este novo mistério?
O juiz é julgado e cala-se;
o invisível se vê e não se enrubesce;
o incompreensível é preso e não se rebela;
o imensurável é medido e não oferece resistência;
o impassível padece e não se vinga;
o imortal morre e suporta a morte;
aquele que habita no céu é sepultado e o tolera.
Por que este novo mistério? Não é tudo talvez por causa do homem?

8. Mas o Senhor, que se entregara espontaneamente à morte, ressuscitou dos mortos, depois de ter esmagado a morte, amarrou o forte e libertou o homem[14].
A morte então, fora de si, caiu aos pés de Cristo;
o Hades foi arrastado como prisioneiro atrás do triunfo;
todas as suas forças foram postas em fuga, tendo ouvido a voz de Cristo, como diz a Escritura:

---

13. *O mistério de Cristo* é uma expressão paulina (Cl 4,3; Ef 3,3). Como em São Paulo, este abrange todo o mistério da economia divina (cf. Cl 2,2); aqui, porém, tem um significado mais específico que tem em Melitão *mistério do Senhor* (*Peri Pascha*, 33.51.61) e *mistério da páscoa* (*Peri Pascha*, 2): isto é, a paixão e a morte, tanto que na fonte paralela de Alexandre de Alexandria reaparece com *mistério da cruz* (PG, 18, 599 A).

14. Toda a passagem que vai de "Toda a criação ficou aterrorizada" (§ 7) até "libertou o homem" (§ 8) coincide com o *Fragmento XIII* de Melitão (ver acima, páginas 153 s.).

"Não vimos o rosto dele,
mas ouvimos a sua voz"[15].

Na verdade, o Hades não viu o rosto do Senhor, mas ouviu a sua voz que dizia: "Saí, ó almas acorrentadas, que jazeis na sombra da morte: eu vos anuncio a vida. Eu sou Cristo, a vossa vida"[16].

9. Então Hades, ouvindo isso, dissolveu-se:
seus portões de bronze foram quebrados;
seus ferrolhos de ferro se romperam;
as almas dos santos saíram, seguindo os passos de Cristo.
Cumpriu-se naquele momento a palavra da Escritura:
"Lá ele quebrou as portas de bronze e quebrou os ferrolhos de ferro"[17].

10. Até a terra fez ressoar a sua voz:
Ó Soberano, poupa-me de teus castigos;
tira de mim tua maldição,
porque recebi o sangue e o corpo dos homens e o teu próprio corpo;
Ó Soberano, retoma o teu Adão!

11. Ressuscitou, portanto, ao fim de três dias, ensinando-nos a adorar a Trindade na unidade[18]. Todas as raças das nações foram salvas

---

15. Sobre esta pseudocitação bíblica, ver nota 42, página 133.

16. Ver MELITÃO, *Peri Pascha*, 102-103. A frase: "Saí, ó almas acorrentadas", parece ter circulado como um *agraphon* bíblico. Como tal, é lido de forma semelhante em Clemente de Alexandria (*Strom.* VI, 6, 44, 3). Esta é uma adaptação ao *descensus* de Is 49,9.

17. O versículo do Salmo 107,16 também é aplicado à descida a mansão dos mortos pelo Anônimo (ver § 118).

18. O simbolismo trinitário do tríduo da morte e a própria palavra Trindade não podem remontar a Melitão, que ainda ignora completamente este problema. Esse particular também pode ser lido em Alexandre de Alexandria (PG, 18, 603 A) e isso nos leva a crer que os dois, Alexandre e o Pseudo-Epifânio, se basearam em um texto de Melitão já reelaborado após a polêmica ariana, ou que o autor se baseou em Alexandre. A referência à Trindade no tríduo da morte é frequente a partir do século IV.

em Cristo. A condenação de apenas um significou a salvação de miríades: de fato, por todos morreu o Senhor[c]. (c) 2Cor 5,14-15

12. Tendo novamente vestido o homem inteiro, ele ascendeu ao mais alto céu, trazendo como presente ao Pai não ouro, nem prata, nem pedra preciosa, mas o homem que ele havia moldado à sua imagem e semelhança[19].

13. O Pai elevou-o à sua direita e o fez sentar-se num trono excelso[d] "até que os seus inimigos sejam colocados debaixo dos seus pés"[e]. Ele virá, de fato, como juiz dos vivos e dos mortos e o seu Reino não terá fim[20].

(d) Is 6,1
(e) Sl 110,1; Hb 10,13

Glória ao Pai e ao Filho e ao Espírito Santo, agora e sempre e por todos os séculos dos séculos. Amém.

---

19. Ver nota 47, página 136. O conceito de humanidade oferecida como um dom de Cristo ao Pai também pode ser lido em Hipólito (*C. Noetum*, 4) e em Alexandre de Alexandria (PG, 18, 603).

20. Os últimos parágrafos são um comentário às proposições do símbolo cristológico. A frase "e o seu reino não terá fim" foi adicionada ao Símbolo no Concílio de Constantinopla, em 381, em reação à heresia de Marcelo de Ancira. A atual redação da homilia remonta, portanto, ao período posterior a essa data. Mesmo a doxologia trinitária que se segue certamente não é melitoniana.

BIBLIOGRAFIA

Melitão[1]

BIRDSALL, J. N., Melito of Sardis, Περὶ τοῦ Πάσχα in a Georgian Version, *Le Muséon*, v. 80 (1967) 121-138.

BLANK, J., *Meliton von Sardes, Vom Passa. Die älteste christliche Osterpredigt*, Freiburg, 1963.

BONNER, C., The Homily on the Passion by Melito Bishop of Sardis, *Annuaire de l'Inst. de Philos. et d'Hist. Orient. et Slaves*, v. 4 (1936) 107-119.

_____. Two Problems in Melito's Homily on the Passion, *Harv. Theol. Rev.*, v. 31 (1938) 175-190.

_____. *The Homily on the Passion by Melito Bishop of Sardis* (Studies and Documents, 12), London, 1940.

_____. A supplementary Note on the opening of Melito's Homily, *Harv. Theol. Rev.*, v. 36 (1943) 317-319.

CANTALAMESSA, R., Méliton de Sardes. Une christologie antignostique du IIe siècle, *Rev. Sc. Rel.*, 37 (1963) 1-26.

_____. Il Cristo "Padre" negli scritti del II-III sec., *Riv. Storia e Lett. Rel.*, 3 (1967) 1-27.

_____. Questioni melitoniane: Melitone e i latini; Melitone e i quartodecimani, *Riv. Storia e Lett. Rel.*, 6 (1970) 245-267.

_____. *La Pasqua della nostra salvezza. Le tradizioni pasquali della Bibbia e della primitiva Chiesa*, Torino, 1971.

---

1. Não estão elencados os estudos que apareceram antes da descoberta do *Peri Pascha* (1936), para os quais se indica a bibliografia fornecida por Quasten, J., *Patrologia*, I, Torino, 1967, 213-219.

_____. Les homélies pascales de Méliton de Sardes et du Ps.-Hippolyte et les Extraits de Théodote, in: *EPEKTASIS, Mélanges patristiques au Card. J. Daniélou*, Paris, 1972.

CHADWICK, H., A latin Epitome of Melito's Homily on the Pascha, *J. Th. S., N. S.*, v. 11 (1960) 76-82.

CHRISTOU, P., Les écrits de Méliton sur la Pascha et l'Office de la Passion, *Kleronomia*, v. 1 (1969) [em grego com síntese em francês].

DANIÉLOU, J., Figure et événement chez Méliton de Sardes, in: *Neotestamentica et Patristica. Freundesgabe O. Cullmann*, Leiden, 1962, 282-292.

DECANDIDO, L., *Melitone di Sardi, Omelia per la Pasqua* [versão italiana], Vicenza, 1967.

GABBA, E., L'apologia di Melitone di Sardi, *Critica Storica*, v. 1 (1962) 469-482.

GRANT, R. M., Melito of Sardis on Baptism, *Vig. Christ.*, v. 4 (1950) 33-36.

_____. The Fragments of the Greek Apologists and Irenaeus, in: *Biblical and Patristic Studies in memory of R. P. Casey*, ed. J. Neville Birdsall and R. W. Thomson, Freiburg in Br., 1963, 192-201.

GRILLMEIER, A., Das Erbe der Söhne Adams in der Homilia de passione Melito's Bischof von Sardes, *Scholastik*, v. 20-24 (1949) 481-502.

_____. Der Gottessohn im Totenreich, *Zeitschr. Kathol. Theol.*, 71 (1949) 5-14.

HALL, S. G., Melito's Paschal Homily and the Acts of John, *J. Th. S., N. S.*, v. 17 (1966) 95-98.

_____. The Melito Papyri, *J. Th. S., N. S.*, v. 19 (1968) 476-508.

_____. Melito, Peri Pascha, 1 and 2. Text and Interpretation, in: *Kyriakon, Festschrift J. Quasten*, v. I, Münster, 1970, 238-248.

_____. Melito in the Light of the Passover Haggadah, *J. Th. S., N. S.*, v. 22 (1971) 29-46.

HALTON, T., Valentinian Echoes in Melito, Peri Pascha?, *J. Th. S., N. S.*, v. 20 (1969) 535-538.

_____. The death of death in Melito "Peri Pascha", *Irish theol. Quart.*, v. 36 (1969) 169-173.

_____. Stylistic Device in Melito, Peri Pascha, in: *Kyriakon, Festschr. J. Quasten*, v. I, Münster, 1970, 249-255.

HARVEY, A. E., Melito and Jerusalem, *J. Th. S., N. S.*, v. 17 (1966) 401-404.

HUBER, W., *Passa und Ostern*, Berlin, 1969, 31-45.

HYLDAHL, N., Zum Titel Περὶ Πάσχα bei Meliton, *Studia Theol.*, v. 19 (1965) 55-67.

KAHLE, P., Was Melito's Homily on the Passion Originally written in Syriac?, *J. Th. S.*, v. 46 (1943) 52-56.

LOHSE, B., *Die Passa-Homilie des Bischofs Meliton von Sardes* (Textus Minores, 24), Leiden, 1958 (reproduz a *editio princeps* de Bonner, tentando uma disposição por estrofes).

MAINKA, R. M., Meliton von Sardes, *Claretianum. Commentaria Theologica*, v. 5 (1965) 225-255.

MENDOZA, F., El pecado original en la Homilia sobre la Pascua de Meliton de Sardes, *Scripta Theologica*, v. 2 (1970) 287-302.

NAUTIN, P., L'homélie de Méliton sur la Passion, *Rev. Hist. Eccl.*, v. 44 (1949), 429-438.

_____. *Le dossier d'Hippolyte et de Méliton dans les florilèges dogmatiques et chez les historiens modernes*, Paris, 1953.

ORBE, A., Imago Spiritus: à propòsito de S. Melitòn, Peri Pascha, 56, *Gregorianum*, v. 48 (1967) 792-795.

PERLER, O., *Ein Hymnus zur Ostervigil von Meliton?* (Papyrus Bodmer XII), Freiburg Schweiz, 1960.

_____. L'Evangile de Pierre et Méliton de Sardes, *Revue Bibl.*, v. 71 (1964) 584-590.

_____. Recherches sur le Peri Pascha de Méliton, *Rech. Sc. Rel.*, v. 51 (1963) 407-421.

_____. *Méliton de Sardes, Sur la Pâque et fragments*. Intr., Texte critique, traduct. et notes par O. Perler (SCh, 123), Paris, 1966.

_____. *Typologie der Leiden des Herrn in Melitons Peri Pascha*, in: *Kyriakon: Festschrift J. Quasten*, v. I, Münster, 1970, 256-265.

PETERSON, E., Ps.-Cyprian, Adversus Judaeos und Melito von Sardes, *Vig. Christ.*, v. 6 (1952) 33-43 (reeditado em *Frühkirche, Judentum und Gnosis*, Freiburg in Br., 1959, 137-145).

QUASTEN, J., *Patrologia*, v. I, Torino, 1967, 213-219 (para a bibliografia anterior a 1940).

RACLE, G., A propos du Christ-Père dans l'homélie pascale de Méliton de Sardes, *Rech. Sc. Rel.*, v. 50 (1962) 400-408.

_____. Perspectives christologiques de l'Homélie pascale de Méliton de Sardes, in: *Studia Patristica*, v. IX (T U, 94), Berlin, 1966, 263-269.

RUIZ, M., Estado actual de la investigación sobre la homilia acerca de la Pascua, atribuida a Meliton de Sardes, *Scripta Theologica*, v. I (1969) 475-482.

SCHNEEMELCHER, W., Der Sermo "De anima et corpore". Ein Werk Alexanders von Alexandrien?, in: *Festschrift Günther Dehn*, Neukirchen, 1957, 119-143 (O Sermão de Alexandre depende do escrito de Melitão).

SMIT SIBINGA, J., Melito of Sardis. The Artist and his Text, *Vig. Christ.*, v. 24 (1970) 81-104.

SORDI, M., I "nuovi decreti" di Marco Aurelio contro i cristiani, *Studi romani*, v. 9 (1961) 361-378.

_____. Le polemiche intorno al cristianesimo nel II secolo e la loro influenza sugli sviluppi della politica imperiale verso la Chiesa, *Rivista di Storia della Chiesa in Italia*, v. 16 (1962) 1-28.

TESTUZ, M., *Méliton de Sardes, Homélie sur la Pâque*. Papyrus Bodmer XIII, publié par M. Testuz, Cologny-Genève, 1960.

VIGNOLO, R., La storia della salvezza nel Peri Pascha di Melitone di Sardi, *La Scuola Cattolica*, v. 99 (1971) 3-26.

WELLESZ, E. J., Melito's Homily on the Passion: An Investigation into the Sources of Byzantine Hymnography, *J. Th. S.*, v. 44 (1943) 41-52.

WERNER, E., Melito of Sardis, the first poet of Deicide, *Hebrew Union Coll. Annual*, v. 37 (1966) 191-210.

WIFSTRAND, A., The Homily of Melito on the Passion, *Vig. Christ.*, v. 2 (1948) 201-223.

ZEILLER, J., A propos d'un passage énigmatique de Méliton de Sardes relatif à la persécution contre les chrétiens, *Rev. Etud. August.*, v. 2 (1956) 257-263.

ZUNTZ, G., Melito Syriac?, *Vig. Christ.*, v. 6 (1952) 193-201.

_____. On the Opening Sentence of Melito's Paschal Homily, *Harv. Theol. Rev.*, v. 36 (1943) 299-315.

O Anônimo Quartodecimano (= Pseudo-Hipólito)

CANTALAMESSA, R., La Pasqua ritorno alle origini nell'omelia Pasquale dello Pseudo-Ippolito, *La Scuola Cattolica*, v. 95 (1967) 339-368.

_____. *L'Omelia "In s. Pascha" dello Pseudo-Ippolito di Roma. Ricerche sulla teologia dell'Asia Minore nella seconda metà del II secolo*, Pubblicazioni dell'Università Cattolica, Contributi, Scienze filologiche e Letteratura 16, Milano, 1967.

_____. Les homélies pascales de Méliton de Sardes et du Ps.-Hippolyte et les Extraits de Théodote, in: *EPEKTASIS, Mélanges patristiques au Card. J. Daniélou*, Paris, 1972.

CONNOLLY, R. H., New Attributions to Hippolytus, *J. Th. S.*, v. 46 (1945) 192-200.

HAMMAN, A.; QUERÉ-JAULMES, F., *Le Mystère de Pâques. Textes choisis*, Paris, 1965.

MARTIN, Ch., Un Περὶ τοῦ Πάσχα de Saint Hippolyte retrouvé?, *Rech. Sc. Rel.*, v. 16 (1926) 148-165.

_____. Fragments palimpsestes d'un discours sur la Pâque attribué à saint Hippolyte de Rome, *Ann. Inst. Philos. Hist. Orient. Slav.*, v. 4 (1936) 321-363.

_____. Hippolyte de Rome et Proclus de Constantinople Εἰς τὸ ἅγιον Πάσχα: à propos de l'originalitè d'une homélie attribuée à Proclus de Constantinople, *Rev. Hist. Eccl.*, 33 (1937) 255-276.

MOHRMANN, Chr., Note sur l'homélie pascale VI de la collection Pseudo-Chrysostomienne dite "de petites trompettes"; in: *Mélanges à l'honneur de Msgr. M. Andrieu*, Strasbourg, 1956, 351-360.

NAUTIN, P., *Homélies pascales, I. Une homélie inspirée du traité sur la Pâque d'Hippolyte*. Etude, édition et traduction par P. Nautin (SCh, 27), Paris, 1950.

REIJNERS, G. Q., *The Terminology of the Holy Cross in early Christian Literature* (Graecitas Christianorum Primaeva, 2), Nijmegen, 1965, 198-214 [análise da terminologia do hino à cruz contido na homilia: §§ 94-97 de nossa numeração].

RICHARD, M., Une homélie monarchienne sur la Pâque, in: *Studia Patristica*, v. III (TU, 78), Berlin, 1961, 273-289.

ÍNDICES

ÍNDICE BÍBLICO

GÊNESIS

1,1	50
1,2	131
2,4-5	50
2,7	50, 54, 120
2,8	50
2,16-17	51
2,17	120, 123
3,1 ss.	51
3,7	124
3,19	54
4,8	53, 56
8,8	97
19,31-38	53
22,2	56, 152
22,6	151
22,6-10	152
22,9	56, 151
22,13	152
28,13	125
30,37	108
32,31	67
37,28	57

ÊXODO

3,5	107
4,2-5	108
8,15	96
10,21	40
12	24, 27, 89, 91, 93, 101, 142
12,1 ss.	31
12,1-15	89
12,2	101
12,3	57, 104
12,3 ss.	33
12,3.5	37
12,3.8	37
12,4	104
12,5	103
12,6	37, 63, 92, 93, 104, 105
12,7	37, 38, 105
12,8	71, 105
12,8.15	107
12,9	92, 105, 106
12,10	33, 37, 107
12,11	37, 92, 99, 107, 108
12,11.27	37
12,12	99
12,12.29	38
12,13	92, 100, 109
12,14	37
12,15	92
12,29	99
12,29-30	39
12,42	42, 56
12,43-44	110

12,43-49	89
12,44	110
12,46	63, 92, 110
12,49	111
13,21	69
14,16	108
14,31	96
14–15	69
15,1 ss.	142
15,1-18	142
15,23-25	108
15,25	108
16,4-35	69
17,4-7	69
17,6	130
17,11s.	109
19–24	69
25,40	45, 91
27,8	91
31,18	96

NÚMEROS

17,23	108
24,17	86
27,2	117
34,2	48
36,2	48

DEUTERONÔMIO

4,12	133
21,23	57
28,66	57, 123
32	64
32,1 ss.	142
33,17	159

JUÍZES

1 ss.	69

1 REIS

1 ss.	57
19,9	57

2 CRÔNICAS

3,1	56, 152

JÓ

28,22	133

SALMOS

2,1-2	58
2,7-8	118
18,1	84
18,14	73
21,22	159
24	137
24,7	136
24,8-10	137
24,9-10	119
34,5	40
34,12	63
37,21	63
45,7-8	119
50,14	120
68,22	66
77	64
89,27	118
105	64
107,16	140, 166
109,3	67
110,1	118, 167
110,3	81, 85, 155
110,4	119

PROVÉRBIOS

8,28	68

ECLESIASTES

3,1 ss.	45
12,7	54

CÂNTICO DOS CÂNTICOS

2,3	124

SABEDORIA

1,7	126, 127
11,15	99
17,2-21	39
17,6	41
17–19	39
18,1	133
18,12	40

ISAÍAS

1,7	107
1,15	105
2,3	34, 35
3,10	63
6,1	167
7,13-14	120
9,2	54
9,4-5	120
11,1-2	108
11,19	62
29,18	122
31,5	109
35,6	122
40,13	157
42,6-8	122
45,14-15	118
49,9	166
50,8	75
51,10	68
53,1	96
53,2-3	121
53,4	59
53,7	33, 34, 48, 62, 103, 151
53,7-8	58
53,8	117
53,9	121
61,2	103
63,9	114
65,2	109

JEREMIAS

4,3	98
5,8	53
7,6	64
11,19	33, 58, 63
17,9	119, 127
22,3	64

EZEQUIEL

1,13	95
31,3-14	124
47,3	153

DANIEL

4,7-9	124

JOEL

3,3	100
3,3-4	100

AMÓS

5,18-20	100

MIQUEIAS

4,2	34
6,3-4	64

ZACARIAS

2,14	48
4,2	95
6,12	86, 117

MALAQUIAS

1,10-12	48
3,1	97
4,2	86

MATEUS

2,11	70
3,1	97
3,11	129
3,16	97

5,17	34, 46, 47	13,12	53
7,6	110	15,26	72
7,13-14	125	15,33	72
8,5-13	70	15,36	66
8,17	59		
9,23	42	**LUCAS**	
9,27-31	65	1,35	117
10,21	53	1,68	83
11,5	63	1,76	97
12,9-13	65	1,78	86
12,13	70	1,79	54
12,29	159	2,41	66
13,33	110	3,16	108
13,52	32, 86	5,18-26	65
14,25	85	5,31	121
15,24	105	7,22	63
15,25	70	8,54	133
15,27	105	12,49	105
17,24-27	69	13,20-21	110
20,28	76	16,21	105
22,1-14	141	18,31 ss.	55
22,10-11	141	22,15	87, 93, 122
22,11	141	22,20	122
25,1-13	141	22,24	85
25,8	141	22,42	127
26,2	66	23,33	129
26,17	66	23,36	66
26,26	105	23,43	94, 131, 132
26,26-28	122	23,45	130
26,41	127	23,46	130
26,42	64, 93	24,25-27	55
27,11	77	24,26	64
27,34	66	24,39	107
27,46	63	24,44-46	55
27,48	66		
27,51	72, 130	**JOÃO**	
27,52-53	140, 165	1,1-2	147
28,9	94, 135	1,3	50
		1,11	67
MARCOS		1,14	48, 59
3,27 par.	76	1,17	32
5,38	42	1,29	33, 76, 103
10,45	76	2,13	66

2,19	98	7,1 ss.	64
3,14	72	7,55	77
3,17	85	8,32	33
5,22.27-29	77	17,2 ss.	55
5,36	85		
5,37	133	**ROMANOS**	
5,39	68	1,3-4	59, 117
6,12	98	1,27	53
6,31	94	1,28-32	52, 53
6,50	123	2,18-20	97
8,12	76	5,12	52, 53, 135
8,28	72	5,12 ss.	52
9,1 ss.	70	8,3	121
10,30	35	8,19-22	131
10,30.38	77	10,4	34, 46
11,1 ss.	70	10,15	106
11,1-44	65	11,34	157
11,25	76, 77		
11,43	133	**1 CORÍNTIOS**	
12,20	70	1,18	129
12,20-22	70	5,6-8	22
12,28	73	5,7	24, 58, 109
12,32	165	6,9-11	52, 53
12,32.34	72	10,4	130
12,38	96	11,25	122
14,9	133	15,26.55	122
14,10	35	15,28	34
16,28	137	15,47-49	136
18,28	122	15,56	134
18,37	77		
19,14	66, 77	**2 CORÍNTIOS**	
19,19	72	1,22	60
19,30	66	2,17	105
19,33.36	33, 63	4,4	47
19,34	128, 159	5,14-15	167
20,21	85	5,17	34
20,27	107	12,2-4	51
ATOS		**GÁLATAS**	
2,27.31	63	3,13	57, 62, 110
2,33	77	3,28	111
4,12	76		
4,25-28	58		

4,7	111
4,25-26	48
5,19-21	52, 53

EFÉSIOS

1,4-12	58
1,13	60
1,20	77
2,13-17	127
3,1-13	58
3,3	165
3,4	24, 32, 58
4,22-23	136
4,23-24	125
4,24	59
4,30	60
5,25-27	128

FILIPENSES

2,6	35, 155
2,6-7	115, 155

COLOSSENSES

1,15	67, 103, 133, 151
1,15-20	67, 163
1,17	33, 50
1,18	134
2,2	165
2,9	98
3,9-10	125, 136
3,11	34
4,3	24, 32, 58, 165

1 TESSALONICENSES

5,23	135

1 TIMÓTEO

2,5	106, 107

3,15	46
3,16	47, 137
6,16	36

HEBREUS

1,3	33
1,6	67
1,13	67
3,13	56
8,5	45, 91, 95
9,9	44
9,11-12	130
9,14	43
10,1	22, 45, 83
10,13	67, 167
11,19	44
12,22	48
12,24	56

1 PEDRO

1,19	33, 37, 48, 62, 111
2,21.25	59
3,19	140
4,11	36

APOCALIPSE

1,5	128, 134
1,6	36
1,8	77, 98
1,12-17	95
3,1-6	14
4,5	95
5,2	62
12,14	109
15,3	142
21,2 ss.	48
21,3	48
21,6	77

ÍNDICE DOS AUTORES

Acta Pauli 24
Afraates, o Sírio 110
Agostinho 14, 25, 52
Aland, K. 147
Alexandre de Alexandria 54, 162, 164-167
Ambrósio 135
Anastácio Sinaíta 14, 18, 72, 149
Anfilóquio de Icônio 134
Anselmo 50
Apeles 59
Apocalipse de Moisés 135
Apocalipse de Pedro 140
Apolinário de Hierápolis 12, 33, 43, 122, 128, 145, 158, 164
Apuleio 21
Aristófanes 98
Aristóteles 59
Ascensão de Isaías 140
Astério, o Sofista 63, 125
Atanásio 25, 99
Atenágoras 155
Atos de André 107
Atos de João 35, 107, 126, 127
Atos de Pedro 126
Atos de Tomé 133

Bonfil, R. 28, 96, 100, 114
Bonner, C. 13, 21, 27, 31, 73, 169, 170

Botte, B. 76
Bowman, J. 23

Calisto 20
Cantalamessa, R. 35, 38, 45, 66, 102, 123, 149, 155, 169, 172
Carta a Diogneto 84, 123
Casel, O. 23, 128
Celso 115, 117
Chadwick, H. 14, 170
Chronicon Paschale 122, 123, 147, 158
Cipriano 16, 58, 118, 119, 141
Cirilo de Alexandria 102
Cirilo de Jerusalém 128
Clemente de Alexandria 15, 17, 35, 45, 58, 59, 85, 96, 117, 123, 128, 133, 135, 141, 166
Clemente Romano 163
Crisóstomo, J. 19, 161
Cromácio de Aquileia 102
Cross, F. L. 23

Daniélou, J. 22, 58, 132, 170, 172
Diodoro de Tarso 91
Dion Crisóstomo 21, 95
Doelger, F. J. 150
Doutrina de Tadeu 85, 140

Efrém, o Sírio 62, 114, 164
Eliade, M. 124
Élio Aristides 21, 95
Epifânio de Salamina 161
Epistula Apostolorum 24
IV Esdras 64
Eusébio de Cesareia 96, 102, 145
Evangelho da Verdade 136
Evangelho dos Egípcios 128
Extratos de Teódoto 50, 59, 116, 130, 132, 133
Exultet 12, 26, 81

Fílon 39, 45, 49, 67, 95, 96, 99, 101, 106, 109, 126, 130, 146
Flávio Josefo 66
Florilegium Achridense 157
Florilegium Edessenum 153
Fueglister, N. 42

Gabba, E. 147, 170
Gaertner, B. 23
Gaillard, J. 25
Gamaliel 61
Gregório de Nissa 125, 132
Gregório Nazianzeno 34, 103, 106, 135
Grillmeier, A. 52, 170

Haggadá pascal 22, 23, 39, 96, 100, 114, 152
Hall, S. G. 27, 32, 73, 170
Halton, T. 59, 170
Hermas 35, 84, 121
Hipólito de Roma 18, 19, 57, 85, 96, 115, 122
Huber, W. 17, 170

Inácio de Antioquia 15, 110, 125, 137

Jerônimo 15, 22, 119
Justino 38, 44, 47, 51, 55, 57, 58, 67, 86, 100, 101, 108, 109, 117, 125, 126, 130, 146, 147, 159

Kaehler, E. 137

Lactâncio 84
Leão Magno 14
Le Déaut, R. 42, 56, 101
Lerch, D. 56
Livro de Enoque 51, 124
Lohse, B. 61, 170

Marcelo de Ancira 167
Marcião 55, 91, 115, 117, 119, 149
Martin, C. 19, 20, 172
Martírio de André 126, 127, 130
Máximo de Tiro 21, 95
Meleagro de Gadara 102

Nautin, P. 14, 19, 27, 28, 113, 134, 161, 171, 173
Nestório 18
Norden, E. 21
Novaciano 58

Orbe, A. 55, 119, 120, 132, 140, 171
Orígenes 15, 18, 45, 49, 51, 60, 99, 114, 115, 117, 120, 128, 132, 134, 149

Perler, O. 27, 56, 71, 150, 158, 162, 171
Pesachim 61
Platão 51, 59, 102, 126, 128
Plotino 102
Polícrates de Éfeso 14
Pólux 128
Pregação de Pedro 35
Proclo de Constantinopla 45
Pseudo-Barnabé 16, 44, 55, 56, 66, 109, 114
Pseudo-Cipriano 16, 141
Pseudo-Crisóstomo 20, 104
Pseudo-Epifânio 12, 76, 134, 136, 161, 162, 166
Pseudo-Hipólito 11, 19, 20, 79, 172

Quasten, J. 56, 169-171

Richard, M. 20, 64, 84, 115, 125, 157, 173
Romano, o Melodista 62
Rucker, I. 153

Schneemelcher, W. 162, 171
Shepherd, H. 23
Simonetti, M. 133
Sordi, M. 145, 147, 171

Taciano 51
Targum do Êxodo 42, 56, 101
Teódoto 113, 116, 132
Teófilo de Antioquia 35, 135, 155
Tertuliano 15, 19, 22, 24, 25, 54, 55, 57-59, 68, 86, 96, 108, 115, 117-119, 126, 129, 146, 155

Testamentos dos XII Patriarcas 57
Testuz, M. 14, 32, 172
Tomás de Aquino 43

Valentino 59
Van Damme, D. 16
Venâncio Fortunato 130

Wellesz, E. J. 22, 172
Werner, E. 72, 172
Wifstrand, A. 21, 172

Zeiller, J. 145, 172
Zuntz, G. 31, 172

Edições Loyola

editoração impressão acabamento

Rua 1822 nº 341 – Ipiranga
04216-000 São Paulo, SP
T 55 11 3385 8500/8501, 2063 4275
www.loyola.com.br